TAREAS
ESCOLARES SIN
LAGRIMAS

Claudia V. Mora de C.

Claudia J. Mora de C.

TAREAS ESCOLARES SIN LAGRIMAS

Lee Canter y Lee Hausner, Ph.D.

La edición original de este libro fue publicada por Canter & Associates, Inc., en 1987.

Traducción y producción: International Documentation
Traductora en jefe: Alicia Agnese
Diseño gráfico: Tom Winberry
Ilustraciones: Bob McMahon
Fotografía: Cliff Kramer

Número de asiento bibliográfico en el catálogo de la Biblioteca del Congreso 88-45109
ISBN #0-939007-38-X
98 97 96 95 94 8 7 6 5 4 2

AGRADECIMIENTOS

El desarrollo de este libro contó con la valiosa colaboración de mucha gente que aportó sus conocimientos e ideas. Quisiéramos agradecer a los siguientes docentes, padres y personal de Canter and Associates, Inc. por sus contribuciones y apoyo.

Dr. Elden Barrett
Linda y Leonard Cohen
Dr. Judy Cooper
Diana Geddes-Day
Terry Garnholz
Mark Falstein
Fred Lilly
Margaret MacKinnon
Joan McClintic
Ron Pearson
Dale Petrulis
Joe Presutto
Carol Provisor
Simone Reiswig
Martha Richey
Helene Robbins
Janet Robinson
Sandi Searls
Barbara Schadlow
Marcia Shank
Bert Simmons
Mary Jo Swartley
Jim Thompson
Kathy Winberry

INDICE

INTRODUCCION

Una tarde nuestro hijo Josh vino a hacernos una serie de preguntas que debía contestar para sus tareas escolares. Como ninguno de los dos pudimos ayudarle con las respuestas, le pedimos que nos mostrara su libro de texto. Efectivamente, las respuestas a todas las preguntas figuraban en el capítulo correspondiente.

Cuando le preguntamos a Josh al respecto, se encogió de hombros y dijo: "La maestra nos dijo que contestáramos las preguntas; pero no nos pidió que también leyéramos el capítulo".

Nuestros dos hijos, tanto el varón como la niña, son muy buenos alumnos, pero también son niños muy normales. Y si hay algo que a cualquier niño le encanta evitar es hacer las tareas escolares.

En los últimos años hemos escrito varios libros sobre temas relacionados con el comportamiento, tanto para padres como para maestros. Hace muy poco, alguien nos preguntó cuál iba a ser el tema de nuestro próximo libro. Cuando le contestamos que serían las tareas escolares, el comentario que hizo fue: "¿Las tareas escolares? Las tareas escolares son importantes y los niños tienen que hacerlas".

Sí, es cierto. Es importante que los niños hagan las tareas escolares, pero la cuestión es cómo lograr hacerlas sin que se derrame una lágrima, ya sea suya o de los niños.

A medida que nuestros niños fueron avanzando en la escuela, comenzamos a pensar en cómo nosotros, en nuestro carácter de padres, podíamos colaborar para que los niños tuvieran éxito en la escuela. No pasó mucho tiempo antes de que nos diéramos cuenta de que las tareas escolares constituían la única área en la que podríamos lograr una repercusión directa e importante.

Desgraciadamente, por lo general se encara el tema de las tareas escolares como una actividad que los maestros dan a los niños, éstos las hacen y los padres tienen que saber sobrellevar. En el mejor de los casos, para nosotros, los padres, las tareas escolares representan algo que damos por sentado. Mientras que en el peor de los casos, constituyen un tema que provoca peleas con resultados lacrimosos todas las noches.

¿Por qué es que las tareas escolares constituyen semejante problema tanto para los padres como para los niños? El problema es que los padres saben de la importancia que tienen las tareas escolares, pero no saben cómo tratar a sus niños mientras están haciéndolas cuando el hecho de hacerlas representa un problema.

¿Cómo reacciona usted cuando escucha lo siguiente?

> "Voy a hacer las tareas escolares después de jugar por un ratito".

> "Tengo que presentar mi trabajo mañana y tienes que ayudarme".

> "No puedo trabajar con el televisor apagado, hay demasiado silencio".

Si este tipo de comentarios le resulta familiar, este libro le servirá de ayuda.

Durante años hemos estado colaborando con maestros que tratan de ayudar a los niños a convertirse en alumnos más responsables. Hemos desarrollado un programa que usan más de medio millón de maestros y que sirve para ayudar a los alumnos a optar por un comportamiento acertado en el salón de clase.

En este libro hemos usado el mismo programa, aplicándolo al tema de las tareas escolares. Además, hemos incluido los resultados arrojados por nuestros estudios de investigación sobre las formas de estudio que los padres pueden enseñar a sus hijos para ayudarles a que les vaya bien en la escuela.

Si piensa que esto va a requerir ciertos esfuerzos de su parte, no está equivocado. Pero de cualquier manera, de una u otra forma las tareas escolares siempre van a requerir que se les dedique tiempo y esfuerzo. Y si es así, ¿no sería mejor que esta actividad se convirtiera en una vivencia positiva tanto para usted como para sus niños?

El objetivo de este libro reside en que el tiempo que pase con los niños haciendo las tareas escolares sea positivo y gratificante para ambas partes. Para los padres, las tareas escolares constituyen una oportunidad para ayudar a los niños a que les vaya bien en la escuela. Para los niños, es una oportunidad, quizás una de las primeras que se les presenten, para comenzar a ser responsables de sus actos y sentirse bien por tener éxito en algo importante.

Todos los padres queremos colaborar con nuestros hijos para que les vaya bien en la escuela, tengan confianza en sí mismos y logren esa seguridad que necesitan para llegar a ser adultos responsables y productivos. Tenemos la esperanza de que este libro lo ayudará para que usted a su vez ayude a sus hijos a alcanzar esa meta.

P.D. A propósito, a partir de que le hicimos ver cuál era el problema, Josh no ha dejado de leer ni un capítulo. Es un alumno excelente y le está dando un gran ejemplo a su hermanita Nicole. Nos sentimos muy orgullosos de ambos.

Lee y Marlene Canter

TAREAS ESCOLARES SIN LAGRIMAS

¿DE QUE SE TRATA "TAREAS ESCOLARES SIN LAGRIMAS"?

¿De qué se trata "Tareas escolares sin lágrimas"?

¿En su casa ocurren algunas de estas situaciones?

☐ Todas las noches, usted y sus niños libran batallas por cuándo harán las tareas escolares.

☐ Sus niños se apuran para hacer las tareas escolares, haciéndolas mal y dejándolas incompletas.

☐ Sus niños se "olvidan" de traer las tareas escolares a casa.

☐ Usted termina haciendo más tareas escolares que sus hijos.

☐ A sus niños les toma mucho tiempo finalizar sus tareas escolares.

☐ Sus niños insisten en que pueden hacer las tareas escolares mientras miran televisión, hablan por teléfono y escuchan música en sus equipos estereofónicos.

☐ Usted se entera de la existencia de un proyecto importante la noche antes de que tienen que entregarlo... y no está terminado.

Si contestó afirmativamente a cualquiera de estas situaciones, entonces usted ha experimentado la frustración que muchos padres sienten cuando tienen que encarar el tema de las tareas escolares. *Tareas escolares sin lágrimas* fue escrito pensando en usted.

¿Cuántas veces ha deseado que hubiera algo que usted pudiera hacer para que sus niños cumplan con las tareas escolares en una forma más acertada? ¿Cuán a menudo ha intentado encontrar tan sólo las palabras justas o las soluciones adecuadas para poner fin a las luchas familiares que todas las noches se producen por las tareas escolares? Si usted es como la mayoría de los padres, ya ha probado muchas estrategias distintas, una y otra vez, sólo para encontrarse volviendo a caer junto con sus hijos en la misma rutina fútil. Usted sabe que sus niños deben cumplir con sus tareas escolares y desea ayudarlos, pero simplemente no sabe bien cómo encarar el asunto.

No se preocupe, lo puede hacer. Usted tiene el poder de solucionar el problema de las tareas escolares en su casa y motivar a sus niños para que tengan éxito en sus actividades académicas.

Por supuesto que son sus niños quiénes deben encargarse de hacer el trabajo y de hacerlo bien. Pero es usted quién puede ayudar a que eso se haga realidad. El programa *Tareas escolares sin lágrimas* se basa en un hecho respaldado por investigaciones, es decir, en el hecho de que su interés y participación son claves para que sus hijos logren éxito en la escuela; y por cierto, una de las formas más eficaces de participar en la educación es a través de las tareas escolares. En este libro figuran las medidas que usted debe tomar para crear un ambiente que invite a cumplir con esas tareas. La eficacia de estas medidas, como así también del programa *Tareas escolares sin lágrimas*, depende de la actitud que usted asuma y proyecte en forma constante con respecto a las tareas escolares.

Usted ya ha demostrado su interés al haber comenzado a leer este libro. El próximo paso es convertir ese interés en una acción para lograr resultados, haciéndoles conocer a sus hijos exactamente cuál es su posición en materia de educación y de las tareas escolares.

A medida que lea este capítulo, observará que se ha comprobado que las tareas escolares constituyen una herramienta poderosa para asegurar que los niños tengan éxito en la escuela. Los estudios de investigación respaldan este hecho. Entonces, su objetivo debe consistir en sacar provecho de esta herramienta. Tiene que comenzar pensando en las tareas escolares como **una oportunidad diaria para lograr repercutir en forma positiva en la educación y el futuro de sus niños.** Usted debe transmitir a sus hijos el mensaje de que cree en ellos, que verlos triunfar es su cometido y que las tareas escolares constituyen una parte importante de ese cometido.

Dado que creemos que su cometido y entusiasmo son esenciales para que sus niños tengan éxito en la escuela, damos comienzo al programa *Tareas escolares sin lágrimas* analizando minuciosamente las razones por las que las tareas escolares son tan importantes y los motivos por los que su participación es tan necesaria.

Las tareas afectan los logros escolares.

En su carácter de padre, es importante que sepa que las tareas escolares realmente inciden en el desempeño de sus niños en la escuela. Los estudios de investigación nos dicen que el tiempo que se dedica a las tareas escolares *afecta directamente* los logros del niño. Esta información es importante. Nos dice que cuando los niños cumplen con las tareas asignadas, van a aumentar sus conocimientos y van a rendir mejor en la escuela. Algunos informes recientes establecen que:

Aquellos alumnos que cumplen siempre con las tareas escolares tienen mejor rendimiento académico que los que no lo hacen.

Mediante las tareas escolares, los alumnos pueden mejorar los logros académicos en todas las materias.

Las tareas escolares mejoran los logros académicos en todos los grados, tanto a nivel primario como secundario.

Cumplir con las tareas escolares mejora los logros académicos tanto de los buenos como de los malos alumnos.

Cuando usted le ayuda a sus niños a hacer las tareas escolares de una forma adecuada, les está ayudando a mejorarse académicamente. Mediante las tareas escolares, usted tiene una oportunidad diaria de ayudar a sus hijos a tener éxito.

Las tareas escolares les enseñan a sus niños a ser responsables.

Cuando sus niños eran muy pequeños, usted tomaba la mayoría de las decisiones por ellos. Usted organizaba sus actividades, planificaba sus comidas y se aseguraba de que se fueran a la cama temprano. Aun cuando usted comenzó a guiarlos para que tomaran sus propias decisiones, todavía tenía las riendas con respecto a cuáles eran esas decisiones. Cuando sus niños comenzaron a ir a la escuela, la maestra les ofreció el mismo tipo de orientación.

Hasta que tuvieron tareas para hacer en casa. Para muchos niños, las tareas escolares constituyen la primera oportunidad de asumir solos una responsabilidad. Depende enteramente de ellos que las lleven a sus hogares y las hagan. Y está en ellos que dichas tareas vuelvan a la escuela como corresponde. A partir del momento en que el maestro les asigna una tarea hasta el momento en que tengan que entregarla, son los niños quienes cargan la responsabilidad sobre sus hombros. Es importante que usted se dé cuenta que esta responsabilidad tendrá una tremenda repercusión en la vida de sus niños. ¿Por qué tendrá semejante repercusión?

Con las tareas escolares los niños adquieren conocimientos y habilidades que deben desarrollar si quieren llegar a ser independientes, sentirse motivados y tener éxito cuando sean adultos. Les enseñan a seguir instrucciones, trabajar por su cuenta, comenzar y terminar una tarea, organizar el tiempo disponible y poner todas sus aptitudes en juego.

Los niños aprenden que depende enteramente de ellos, y por lo tanto tienen que responder por lo que hagan. Si usted, en calidad de padre, no hace hincapié en la importancia que tienen las tareas escolares, les estará negando la oportunidad de que desarrollen este sentido de responsabilidad en toda su plenitud.

Siempre tenga presente cuáles son los beneficios, especialmente cuando los niños tengan que hacer tareas que a usted (y a ellos también) les parezcan mucho trabajo sin sentido alguno. No subestime la importancia de esta tarea escolar. Sirve para enseñarle algo valioso a sus niños. Después de todo, la vida misma está colmada de detalles que algunas veces resultan cansadores pero que se tienen que encarar como corresponde. Recuerde que usted y sus niños están echando los cimientos sobre los cuales edificarán a lo largo de los años por venir.

Las tareas escolares constituyen el vínculo clave que existe entre el hogar y la escuela.

Las tareas escolares son el mejor medio que tiene a su disposición para mantener una conexión diaria con la educación de su niño. Dada la regularidad con que se asignan tareas a los niños, las mismas le brindan un contacto constante con su niño y su maestro.

¿Por qué es tan importante este contacto? Siga leyendo...

¿Según usted, cuál de los siguientes es el elemento de mayor importancia para que a un niño le vaya bien en la escuela?

    a. la capacidad y orientación del maestro
    b. la cantidad de dinero que el gobierno gasta para educación
    c. la incentivación y el apoyo que proporcionan los padres

La respuesta a esta pregunta es "c". La incentivación y el apoyo que brindan los padres constituyen los factores más importantes que determinan el buen desempeño de un niño en la escuela. Prácticamente todos los informes sobre educación que se han emitido en los últimos veinte años han arribado a la misma conclusión. Los niños son capaces de aguantar a maestros ineptos sin llegar a perder su interés por aprender. Pueden sobrevivir hasta los más reducidos presupuestos escolares, libros de textos malos e inadecuados e instalaciones viejas sin renunciar para nada a su educación. Pero si no cuentan con el apoyo de los padres, es decir si no tienen el aliento, la incentivación y la disciplina provenientes de sus hogares, es casi seguro que los niños desenvolverán una postura negativa con respecto al aprendizaje y la escuela. Todos los niños a los que les va bien parecieran contar con padres cuyas actitudes evidencian que les importa cómo se desempeñan sus hijos en la escuela. Usted puede demostrar cuál es su postura con respecto a la educación dando a conocer su opinión. Puede hacerles saber a sus niños que la educación ocupa un lugar prioritario en su familia. Y que las tareas escolares forman parte de esa prioridad.

Casi todos los días, la mayoría de los alumnos reciben algún tipo de tarea escolar que tienen que realizar en sus casas. Es así que en forma diaria usted puede demostrar a sus niños, a través de la importancia que le dé a las tareas escolares, cuánto le importa que les vaya bien en la escuela. *Tareas escolares sin lágrimas* le hará ver cómo puede lograr ese cometido.

El éxito de sus niños queda en sus manos.

Sabemos que para los padres es duro enterarse de los problemas
con que los niños tienen que enfrentarse en la escuela actualmen-
te. Los noticieros están repletos de historias sobre las condiciones
de hacinamiento en las ciudades universitarias, las polémicas refe-
ridas a los programas de estudio, los magros presupuestos que no
alcanzan para nada y los resultados deficientes de los exámenes;
todos estos son temas que llevan a los padres a preguntarse hacia
dónde se orienta la educación de sus niños. Es fácil sentirse frus-
trado, pero nunca tiene que sentirse sin recursos. Usted no puede
cambiar las escuelas de un día para otro, pero mediante su participación sí puede cambiar el rumbo que tomará la educación de sus
hijos. Recuerde que las mejores escuelas son aquéllas que cuentan con el apoyo de las familias a quienes prestan sus servicios.
Cuando usted brinda su apoyo para que se hagan las tareas escolares, está ayudando a fortalecer los programas de la escuela
como así también la eficacia de los mismos. Todos se benefician:
los padres, los maestros y en especial los alumnos.

La edad de sus niños y su actual desenvolvimiento en la escuela
determinarán el grado de su participación. En el caso de niños
más pequeños, deberá estar listo para participar en forma diaria.
Trabajar en forma independiente constituye una habilidad adquirida mediante la práctica. Toma algo de tiempo y paciencia. Pero
los cimientos que usted echa cuando sus hijos son pequeños a fin
de acostumbrarlos a estudiar, rendirán sus frutos cuando los niños
crezcan porque estarán habituados a trabajar en forma independiente.

De la misma manera, si los niños son más grandes pero no están
acostumbrados a estudiar como corresponde, usted va a tener que
prestar su apoyo y ayudarlos a aprender lo que significa trabajar
con responsabilidad. *Tareas escolares sin lágrimas* le proporciona
pautas a seguir a lo largo del programa a fin de ayudarlo a determinar el grado de participación que usted tendrá en cada una de
las etapas del mismo.

No se preocupe: usted *no es* el maestro.

El programa de *Tareas escolares sin lágrimas* no implica que usted tiene que asumir el papel del maestro. Usted no tiene la
responsabilidad de enseñarle conceptos a sus niños ni tampoco
de corregirles sus trabajos. No es ésa su misión. Además, es

contraproducente, ya que ocasiona conflictos en vez de resolverlos. La idea es facilitar las cosas, tanto las suyas como las del niño, y no empeorarlas.

Tareas escolares sin lágrimas le sirve de guía para la creación de un ambiente de enseñanza disciplinado y compartido dentro de su hogar. Para ello no necesita contar con un título de maestro o psicólogo. Todo lo que tiene que hacer es comenzar a usar el programa en sí.

COMO LO VA A AYUDAR "TAREAS ESCOLARES SIN LAGRIMAS".

Con *Tareas escolares sin lágrimas*, usted aprenderá lo siguiente:

Cómo preparar un lugar de estudios adecuado.

Sus niños no pueden hacer las tareas escolares en un ambiente en el que haya distracciones. El primer paso a seguir para ayudar a los niños a que hagan bien las tareas escolares es encontrar un lugar de estudios adecuado para que trabajen allí. *Tareas escolares sin lágrimas* le enseñará a preparar dicho lugar en su hogar.

Cómo lograr que hagan las tareas escolares a tiempo.

Uno de los grandes problemas muchas las familias es conseguir que los niños hagan las tareas escolares a tiempo. Esto sucede porque muy a menudo las tareas escolares constituyen la última actividad programada en la vida de todos los niños. Nunca faltan y siempre llegan a horario a los partidos de fútbol y de la liga infantil de béisbol, a las clases de danzas y las reuniones de Scouts Pero estrujan las tareas escolares para acomodarlas de algún modo entre las demás actividades. Este tipo de "sistema" no funciona. Esperan hasta el último minuto para hacer las tareas escolares y así tienen la idea de que todas las otras actividades son más importantes. *Tareas escolares sin lágrimas* le mostrará cómo puede hacer para cambiar esta situación. Aprenderá a organizar los horarios para hacer las tareas y a transmitirles a los niños un mensaje bien claro: en su hogar, las tareas escolares tienen la primera prioridad.

Cómo lograr que los niños hagan las tareas escolares solos.

Con las tareas escolares los niños aprenden a tener y asumir responsabilidades. Pero los niños no pueden aprender a tener responsabilidades si nunca trabajan realmente solos. *Tareas escolares sin lágrimas* le enseñará técnicas y le dará consejos útiles para alentar a sus niños a trabajar en forma independiente.

Cómo incentivar a los niños con elogios.

Cuando los niños se sienten bien consigo mismos, tienen una mayor motivación para que les vaya bien en la escuela. Cuando usted elogia los esfuerzos que hacen sus niños, les está transmitiendo el siguiente mensaje: "Tengo fe en ti y en tu capacidad". Esto tiene una inmensa repercusión en los niños. *Tareas escolares sin lágrimas* le enseñará cómo hacer para incentivar eficazmente a sus niños mediante los elogios.

Cómo incentivar a los niños para lograr que hagan las tareas lo mejor posible.

Para algunos niños los elogios no son suficientes. Estos niños necesitan recibir más incentivos para sentirse entusiasmados con respecto a las tareas escolares. *Tareas escolares sin lágrimas* le brinda una serie de ideas diversas para despertar la motivación de niños de todas las edades.

Cómo comunicarse con sus niños y hablarles con mayor firmeza.

Los niños deben comprender que usted habla en serio cuando les pide que terminen sus tareas escolares en forma adecuada. Pero si usted les ruega, les habla enojado o discute con ellos, simplemente se los pone en contra. Aprenda a *hablarles con mayor firmeza*, o sea a decir lo que quiere decir y a tener toda la intención de querer decir lo que diga. Los resultados serán diferentes entre niños que escuchan y los que no lo hacen. *Tareas escolares sin lágrimas* le brindará las técnicas que necesita para convertirse en un padre firme y que habla en serio.

Cómo respaldar sus palabras con los hechos.

Cuando los niños se niegan firmemente a hacer las tareas escolares, es el momento de comenzar a actuar. Pero esto no significa comenzar a gritar, dar alaridos o amenazar a los niños con algún castigo. Tan sólo quiere decir que les dará a sus niños la oportunidad de elegir. Podrán elegir entre hacer las tareas escolares o perder el derecho de tener ciertos privilegios para hacer cosas que les gustan. Simplemente eso. *Tareas escolares sin lágrimas* le brindará los conocimientos que necesita para mantener esta postura de firmeza y resolución. ¡Y lo podrá lograr! Recuerde que en su hogar, las tareas escolares tienen la primera prioridad. ¡Sus niños *harán* las tareas!

Cómo colaborar con el maestro de sus niños.

Usted y el maestro de sus niños deben trabajar juntos como si formaran un equipo, equipo que tiene el cometido de lograr que sus niños vayan hacian adelante. El secreto para la formación y el mantenimiento de esta relación está en la comunicación. *Tareas escolares sin lágrimas* le proporcionará pautas con respecto a cuándo y cómo ponerse en contacto con el maestro de sus niños.

Cómo proporcionar pautas para estudiar que vayan a mejorar el desempeño de los niños en la escuela.

Muy a menudo la diferencia entre aquellos niños a los que les va bien y los otros reside en que los niños con éxito saben cómo estudiar. Saben cómo organizar el tiempo disponible, cómo estudiar para los exámenes, cómo sacar mayor provecho de lo que leen y cómo escribir monografías. Estos alumnos han adquirido cierta habilidad que les permite usar las horas de estudio de la mejor manera posible. De ese modo, les va mejor en la escuela. Esto es lo que llamamos *pautas de estudio*, es decir técnicas que les permiten a los alumnos aprender de una manera más eficaz. *Tareas escolares sin lágrimas* proporciona un conjunto de pautas de estudio que le ayudarán a los niños a hacer eficazmente las tareas escolares en sus casas y en la escuela también. *Tareas escolares sin lágrimas* le mostrará:

Cómo ayudar a los niños a leer mejor.

Cómo ayudar a los niños a tener mejor ortografía.

Cómo ayudar a los niños a planificar los proyectos
a largo plazo.

Cómo ayudar a los niños a escribir una monografía
o informe final.

Cómo ayudar a los niños a estudiar la
información que encuentren en un libro de textos.

Cómo ayudar a los niños a revisar sus trabajos.

El programa de *Tareas escolares sin lágrimas* le servirá a usted.
Tan sólo es una cuestión de adoptar la actitud correcta, actuar y
prestar el apoyo que corresponda. A medida que lea el libro y comience a utilizar el programa, se dará cuenta de que conseguir
que los niños hagan las tareas no constituye una misión que ame-
naza la paz hogareña.

Se trata de algo que usted puede hacer. Con *Tareas escolares sin
lágrimas* sus niños pronto estarán en la buena senda del éxito académico y la familia volverá a disfrutar de una vida en común
mucho más apacible. No hay nada más que ponerlo en práctica.

LAS TAREAS ESCOLARES SE DEBEN REALIZAR EN UN LUGAR DE ESTUDIOS ADECUADO

Las tareas escolares se deben realizar en un lugar de estudios adecuado

A fin de poder hacer bien las tareas escolares, los niños deben contar con un lugar de trabajo tranquilo. De ninguna manera pueden hacer sus tareas eficientemente si están en un ambiente en el que haya distracciones. No pueden hacerlas en frente del televisor ni mientras están hablando por teléfono. Tampoco pueden hacerlas si están los hermanos y hermanas constantemente molestándolos. Las tareas deben hacerse en un lugar tranquilo. Y usted tiene la responsabilidad de ayudar a sus niños a encontrar un lugar adecuado para hacer las tareas escolares.

No es difícil preparar un lugar de estudios que sea adecuado. Sus hijos no necesitan mucho espacio para realizar las tareas escolares. Lo que sí necesitan es un lugar bien iluminado, cómodo y tranquilo, en el que tengan a mano todos los elementos necesarios. Una vez que se habitúen a trabajar en un lugar adecuado, la actitud que tengan con respecto a las tareas escolares cambiará. Es probable que no lo noten al principio, pero su eficacia y capacidad de mantener la atención se aumentarán casi de golpe. Las tareas escolares les resultarán más fáciles. Y por cierto también notará que es más fácil para usted mismo.

COMO PREPARAR UN LUGAR DE ESTUDIOS ADECUADO

Dígale a sus hijos que tienen que tener un lugar especial para hacer las tareas escolares.

"Queremos que hagas las tareas escolares en un lugar tranquilo en el que te puedas concentrar. Para asegurarnos de que tengas toda la tranquilidad que necesites, colaboraremos contigo a fin de encontrar un buen lugar para que se transforme en tu área de trabajo para hacer las tareas escolares. Quizas pueda ser en tu cuarto o tal vez en la mesa de la cocina. De cualquier forma, ése será tu lugar de trabajo mientras te dediques a hacer las tareas escolares. No dejaremos que nadie te moleste o interfiera con lo que estés haciendo. No habrá un televisor ni una radio o un equipo estereofónico en tu área de trabajo escolar porque los mismos también interfieren con tu concentración".

Elija un lugar para que su niño haga las tareas escolares.

No importa dónde su niño haga las tareas escolares, en tanto y en cuanto no exista ninguna distracción en ese lugar.

Para elegir un lugar de estudios adecuado, tenga en cuenta las siguientes pautas:	
Jardín a 3º grado	Deberá elegir la ubicación junto con su niño. Asegúrese de que sea algún lugar que esté cerca suyo para que le pueda prestar ayuda.
4º a 6º grado	Oriente a su niño en la elección de una buena ubicación. Hablen acerca de qué lugares de la casa podrían ser mejores que otros para realizar las tareas escolares.
7º a 12º grado	Su niño puede elegir su lugar de trabajo solo. Asimismo, asegúrese de que cumpla con el requisito de no tener distracción alguna en el mismo.

Cerciórese de que el lugar tenga buena iluminación.

Los estudios realizados han demostrado que una mala iluminación aumenta el cansancio de la vista en un cincuenta por ciento.

Coloque un cartel que diga "NO MOLESTAR" durante el horario para las tareas escolares.

La experiencia nos dice que cada vez que se los interrumpe, los niños tardan de dos a tres minutos en volver a concentrarse. Un cartel que diga "No molestar" (página 153 del Apéndice) le hará saber a todos los miembros de la familia que no se permiten las interrupciones.

Cuente con un Equipo de supervivencia para las tareas escolares en el lugar de trabajo de su niño.

El Equipo de supervivencia para las tareas escolares debe constar de todos los materiales que los niños necesiten para realizar las tareas. El mismo evitará que los niños se distraigan constantemente cuando van a buscar los artículos que necesiten.

Equipo de supervivencia para las tareas escolares
Jardín de infantes a 3º grado

- [ ] creyones
- [ ] lápices
- [ ] marcadores
- [ ] sacapuntas
- [ ] gomas de borrar
- [ ] cola o goma de pegar
- [ ] cinta
- [ ] papel para escribir
- [ ] cartulina
- [ ] perforador
- [ ] engrampador
- [ ] tijeras
- [ ] diccionario infantil
- [ ] sujetapapeles
- [ ] cuaderno de tareas (tercer grado)

Equipo de supervivencia para las tareas escolares
4º a 6º grado

- [ ] lápices
- [ ] plumas
- [ ] lápices de colores
- [ ] creyones
- [ ] marcadores
- [ ] sacapuntas
- [ ] gomas de borrar
- [ ] cola o goma de pegar
- [ ] cinta
- [ ] papel para escribir
- [ ] cartulina
- [ ] perforador
- [ ] engrampador
- [ ] tijeras
- [ ] sujetapapeles
- [ ] tinta blanca
- [ ] cuaderno de tareas
- [ ] carpetas para guardar los trabajos
- [ ] fichas índice
- [ ] diccionario intermedio
- [ ] atlas
- [ ] diccionario de sinónimos
- [ ] calendario
- [ ] bandas elásticas

Equipo de supervivencia para las tareas escolares
7º a 12º grado

- ☐ cuaderno de tareas
- ☐ lápices
- ☐ plumas
- ☐ gomas de borrar
- ☐ marcadores
- ☐ papel para escribir
- ☐ cinta
- ☐ perforador
- ☐ tinta blanca
- ☐ sacapuntas
- ☐ tijeras
- ☐ cola o goma de pegar
- ☐ regla
- ☐ engrampador
- ☐ lápices de colores
- ☐ sujetapapeles
- ☐ fichas índice
- ☐ diccionario
- ☐ compás
- ☐ transportador
- ☐ calculadora
- ☐ atlas
- ☐ diccionario de sinónimos
- ☐ calendario
- ☐ bandas elásticas

El primer paso en este programa para lograr que los niños de cualquier edad hagan bien las tareas consiste en encontrar y preparar un lugar de estudios adecuado. Al elegir la ubicación correspondiente e insistir que todos los materiales necesarios estén organizados y listos para usarse, en realidad le estará dando a sus niños una ventaja inicial para que les vaya bien con las tareas escolares. Esta primera preparación es bien importante. Recuerde que de esta forma estará montando el escenario para una actuación prolongada y exitosa.

LAS TAREAS ESCOLARES DEBEN HACERSE A TIEMPO

Las tareas escolares deben hacerse a tiempo

Es probable que ninguna otra cuestión referida a las tareas escolares ocasione más conflictos que el hecho de cuándo deben hacerse todas las noches. Los niños por lo general tienen sus propios motivos para discutir sobre cuándo harán las tareas. Tratan de postergarlas lo más que puedan. Se quejan, las dejan para más tarde e inventan excusas hasta la hora en que tienen que ir a la cama. Mientras tanto, los padres les piden que las hagan lo antes posible. Este tema de cuándo harán las tareas escolares da lugar a muchas peleas nocturnas entre los padres y los niños de muchos hogares. Pero no tendría que ser así. No debería ser así. Con un poquito de planificación usted puede dar fin a este problema para siempre.

Piénselo por un instante: hoy en día, la mayoría de los niños tienen sus días sumamente ocupados y hasta complicados. Toman clases de música, asisten a eventos deportivos y con frecuencia tienen todo tipo de actividades fuera de las escolares, casi en forma diaria. Aún así se las ingenian para asistir a todas ellas regularmente y con puntualidad. Si la clase de gimnasia comienza a las 4:00, el niño está allí a tiempo. Esto se debe a que se ha fijado una hora para dichas actividades. Están incorporadas en la rutina diaria del niño.

La solución para que hagan sus tareas escolares a tiempo es bien evidente:

En la vida de sus hijos también debe fijarse una hora para hacer las tareas escolares.

No se puede dejar a los niños que decidan todas las noches cuándo van a hacer las tareas escolares. Los niños no pueden hacer bien las tareas a la noche tarde, ni tampoco pueden considerar las tareas como una actividad que realizarán después de todas las demás. Las tareas escolares deben ser prioritarias y ocupar un lugar determinado en los horarios de los niños. Su participación consistirá en controlar que realicen las tareas escolares en la forma adecuada todos los días. Y esto se puede lograr estableciendo en su hogar un horario diario para hacer las tareas escolares.

¿QUE ES UN HORARIO DIARIO PARA HACER LAS TAREAS ESCOLARES?

Un horario diario para hacer las tareas escolares consiste en un horario que se reserva todos los días para que los niños se ocupen de realizar las tareas que traen de la escuela. Durante este horario cesan todas las otras actividades. Sus niños tendrán que comprender que deberán dejar de jugar, hablar por teléfono y apagar el televisor para ir al lugar de estudios y ponerse a trabajar. En primer lugar, usted se pondrá de acuerdo con los niños con respecto a las horas en que se fijará el horario diario para hacer las tareas escolares. La hora en sí que se elija para ello no tiene importancia. Lo que sí es importante es que tanto usted como sus niños sepan cuándo se supone que deben hacer las tareas. Los niños deben entender que las tareas constituyen su primera prioridad. Establecer este horario diario para hacer las tareas escolares puede llegar a convertirse en la medida más importante que usted tome para lograr que sus niños realicen las tareas.

COMO ESTABLECER EL HORARIO DIARIO PARA HACER LAS TAREAS ESCOLARES

Dígale a sus niños exactamente cómo quiere que se fije el horario para hacer las tareas escolares

"Queremos ayudarte a fijar un horario diario para que te pongas a hacer las tareas que traes de la escuela. Queremos asegurarnos de que cuentes con un horario determinado para comenzar a hacerlas, de manera tal que no haya ninguna duda con respecto a cuándo debes hacer las tareas. Además, queremos cerciorarnos de que cuentas con el tiempo suficiente para hacerlas bien".

HORARIO DIARIO

LUNES/HORARIO PARA HACER LAS TAREAS ESCOLARES

3:00 PM Práctica de fútbol	7:00 PM
4:00 PM Práctica de fútbol	8:00 PM
5:00 PM	9:00 PM Práctica del clarinete
6:00 PM	10:00 PM

MARTES/HORARIO PARA HACER LAS TAREAS ESCOLARES

3:00 PM Práctica del clarinete	7:00 PM Ensayo de la obra teatral
4:00 PM Reunión de los Scouts	8:00 PM
5:00 PM Reunión de los Scouts	9:00 PM
6:00 PM	10:00 PM

MIERCOLES/HORARIO PARA HACER LAS TAREAS ESCOLARES

3:00 PM Dentista	7:00 PM
4:00 PM Práctica del clarinete	8:00 PM
5:00 PM Cena en lo de la abuela	9:00 PM
6:00 PM	10:00 PM

JUEVES/HORARIO PARA HACER LAS TAREAS ESCOLARES

3:00 PM	7:00 PM
4:00 PM	8:00 PM Práctica del clarinete
5:00 PM Natación	9:00 PM
6:00 PM Natación	10:00 PM

VIERNES/HORARIO PARA HACER LAS TAREAS ESCOLARES

3:00 PM	7:00 PM
4:00 PM	8:00 PM
5:00 PM	9:00 PM
6:00 PM	10:00 PM

Cerciórese de que todas las actividades de los niños estén anotadas en el Horario diario.

Haga copias para cada niño del Horario diario que figura en la página 154. El Horario diario le ayudará a organizar el tiempo de sus niños. Cuando anoten todas las actividades que están programadas para una determinada semana, tanto usted como los niños podrán ver claramente qué horas disponen para hacer las tareas escolares.

Para organizar el horario diario, tenga en cuenta las siguientes pautas:	
Jardín a 3º grado	Fije las horas junto con su niño. Asegúrese de compartir la información, dejándole ver al niño cómo se pueden acomodar sus actividades dentro de un horario diario.
4º a 6º grado	Deje que su niño organice el horario diario por su cuenta. Verifíquelo para ver si está bien.
7º a 12º grado	Déle al niño una copia del Horario diario para que lo llene solo.

Decida cuánto tiempo por día se necesita para hacer las tareas escolares.

El tiempo para las tareas escolares puede abarcar quince minutos en el caso de los niños más pequeños hasta dos o más horas para los alumnos de la escuela secundaria.

Decida cuáles son las mejores horas del día para reservar las tareas escolares.

Una vez que haya anotado cuáles son las horas que ya están programadas en el horario diario, todas las que estén libres podrán usarse como horas para dedicar a las tareas escolares. Indique cuáles serán estas horas en cada una de las tardes o noches de la semana, anotándolas en el lugar reservado para tal fin en el horario diario.

HORARIO DIARIO

LUNES/HORARIO PARA HACER LAS TAREAS ESCOLARES 7:00 - 8:30	
3:00 PM Práctica de fútbol	7:00 PM
4:00 PM Práctica de fútbol	8:00 PM
5:00 PM	9:00 PM Práctica del clarinete
6:00 PM	10:00 PM

MARTES/HORARIO PARA HACER LAS TAREAS ESCOLARES 9:30 - 10:00	
3:00 PM Práctica del clarinete	7:00 PM Ensayo de la obra teatral
4:00 PM Reunión de los Scouts	8:00 PM
5:00 PM Reunión de los Scouts	9:00 PM
6:00 PM	10:00 PM

MIERCOLES/HORARIO PARA HACER LAS TAREAS ESCOLARES 1:30	
3:00 PM Dentista	7:00 PM
4:00 PM Práctica del clarinete	8:00 PM
5:00 PM Cena en lo de la abuela	9:00 PM
6:00 PM	10:00 PM

JUEVES/HORARIO PARA HACER LAS TAREAS ESCOLARES 3:00 - 4:30	
3:00 PM	7:00 PM
4:00 PM	8:00 PM Práctica del clarinete
5:00 PM Natación	9:00 PM
6:00 PM Natación	10:00 PM

VIERNES/HORARIO PARA HACER LAS TAREAS ESCOLARES No hay tareas	
3:00 PM	7:00 PM
4:00 PM	8:00 PM
5:00 PM	9:00 PM
6:00 PM	10:00 PM

Para elegir el horario para las tareas escolares, tenga en cuenta las siguientes pautas:

Jardín a 3º grado	Usted tiene a su cargo la responsabilidad de elegir las horas para las tareas escolares de su niño. Seleccione las horas en que usted o bien algún otro adulto responsable se encontrará disponible para ayudar al niño. Trate de programar las mismas horas para que todos los niños pequeños hagan las tareas escolares al mismo tiempo. (Esto le resultará más cómodo para que usted esté disponible). Anote las horas para las tareas escolares en los espacios reservados para tal fin en el horario diario. Repase el horario con su niño, explicándole lo que significa. Coloque esta hoja en una ubicación clave para que tanto usted como su niño sepan exactamente cuándo se tienen que hacer las tareas todos los días.
4º a 6º grado	Deje que su niño decida solo a qué hora hará las tareas escolares y que las anote en los espacios reservados para tal fin en el horario diario. Controle la hoja para asegurarse de que las horas elegidas sean las adecuadas. (¿Se superponen las horas para las tareas con alguna otra actividad? ¿Eligió horas de la noche que son demasiado tarde?) Coloque esta hoja en una ubicación clave para que tanto usted como su niño sepan exactamente cuándo se tienen que hacer las tareas todos los días.
7º a 12º grado	El niño es enteramente responsable de decidir en qué horas hará las tareas escolares, para lo cual utilizará como guía el horario diario que ya tiene lleno.

El cuadro anterior sirve de guía general. Si por ejemplo su niño está en octavo grado y tiene muchos problemas con las tareas escolares, deberá ayudarlo más siguiendo las sugerencias que se brindan para los alumnos más pequeños. Durante un tiempo, organice el horario diario (y elija las horas para las tareas escolares junto con su hijo). Cuando note que mejora, siga adelante y deje que el niño planifique sus horarios en forma independiente.

Es probable que hayan días en que los niños finalicen con todas las tareas que tengan para la escuela antes de que pasen las horas destinadas a las mismas. Si hicieron los trabajos como corresponde, deberá permitirles dedicarse a otras actividades.

SI ES NECESARIO ESTABLEZCA UN HORARIO OBLIGATORIO PARA HACER LAS TAREAS ESCOLARES

Puede introducir cambios al concepto de horario diario para las tareas escolares con el objeto de encarar dos tipos de problemas comunes: los que llamamos "los apurados" y "los olvidadizos".

Los apurados son aquellos niños que hacen las tareas escolares a los apurones durante las horas destinadas a tal fin, sin esforzarse o preocupándose muy poco. Sólo quieren "terminar con la tarea" para volver a dedicarse a alguna actividad más placentera tan pronto como les sea posible. El resultado es que las tareas terminan siendo desprolijas, quedan incompletas o están mal hechas.

Los olvidadizos por lo general se olvidan de traer el trabajo a sus casas o "se olvidan" completamente de que tienen tareas para hacer.

Usted puede ayudar a los apurados y olvidadizos a ser más responsables mediante la creación de un horario obligatorio para hacer las tareas escolares. Este horario implicará que los niños deberán usar todas las horas diarias destinadas a las tareas escolares para cumplir con ellas u otra actividad académica como por ejemplo lectura, repaso de libros de textos o ejercicios aritméticos.

El propósito del Horario obligatorio para hacer las tareas escolares es demostrar a los niños que no sacan ninguna ventaja del hecho de apurarse para cumplir con las tareas o de olvidarse de traerlas. No les servirá para tener más tiempo libre. Cuando los niños se den cuenta de que esa manera irresponsable de actuar no les reporta más tiempo libre, aprenderán enseguida a moderarse y hacer mejor las cosas. De pronto comenzarán a "recordar" que tienen tareas para hacer.

El Horario obligatorio para hacer las tareas escolares funciona de la siguiente manera:

Siéntese a charlar con su niño y comuníquele que va a tener que hacer algunos cambios:

"No estamos contentos con la forma en que haces las tareas a las apuradas. Vamos a tener que aplicar algunas medidas nuevas".

(o bien)

"No estamos contentos con tu costumbre de olvidarte de traer las tareas escolares a casa todos los días. Vamos a tener que aplicar algunas medidas nuevas".

(continúe diciendo)

"Tienes una hora reservada para realizar las tareas escolares todos los días. Pero no has estado usando este tiempo como corresponde. Si te apuras para cumplir con las tareas (o si te olvidas de traerlas), igual tendrás que hacer algún tipo de actividad académica durante el resto de la hora. Puedes leer, estudiar para los exámenes o repasar lo que vieron en clase. No pasarás el tiempo mirando televisión, jugando con la computadora o haciendo cualquier otra cosa que no esté relacionada con la escuela".

¿QUE SUCEDE SI USTED NO PUEDE ESTAR EN CASA CUANDO SEA LA HORA DE HACER LAS TAREAS ESCOLARES?

¿Qué es lo que pasa si tanto sus horarios como los de su cónyuge no les permiten estar presentes cuando sea la hora de hacer las tareas escolares? Se necesitará algún tipo de planificación adicional y una forma de supervisar a la distancia, pero se puede hacer.

Tenga en cuenta las siguientes pautas si usted no puede estar en casa:

Jardín a 3º grado	Como se dijo antes, los niños pequeños necesitan que haya alguien disponible para ayudarlos cuando estén haciendo las tareas escolares. Asegúrese de que la persona que los cuide o supervise entienda lo que significa tener un horario diario para hacer las tareas y que esté a disposición del niño en caso de que necesite ayuda. Si no lo puede hacer, será mejor dejar que el niño haga las tareas cuando usted esté en casa.
4º a 6º grado	Asegúrese de que el niño sepa a qué hora comienza el horario para hacer las tareas. Llame por teléfono a su casa a la hora en que tiene que empezar a trabajar en sus tareas para verificar que lo esté haciendo. Pídale que deje las tareas escolares a mano para que usted las revise cuando llegue a su hogar.
7º a 12º grado	Su hijo tiene que estar en condiciones de hacer las tareas sin ninguna supervisión. Las notas y los comentarios que reciba de la escuela le demostrarán si está haciendo bien las tareas o no.

ACONSEJE A LOS ALUMNOS DE LOS GRADOS SUPERIORES QUE USEN UNA AGENDA SEMANAL

En los grados superiores, los alumnos por lo general reciben las tareas que corresponden a toda la semana a partir del día lunes. A menos que las anoten de una manera organizada y precisa, es muy fácil que se produzcan problemas. El uso de una Agenda semanal les podrá ayudar a los niños de dos maneras:

Si anota todas las tareas de la semana y los días en que tiene que entregarlas, el niño podrá distribuir el trabajo de manera tal que lo pueda hacer a tiempo y no a último momento.

El hecho de anotar con precisión la tarea encomendada cuando se la recibe constituye el comienzo del proceso de hacer bien las tareas escolares. Muy a menudo los niños no están en condiciones de hacer lo mejor que pueden porque no cuentan con la información correcta o dicha información no está completa.

Se puede solucionar este problema si el niño aprende a anotar con mayor cuidado las tareas que le dan. A continuación se proporcionan dos ejemplos de agendas semanales. Una fue hecha con mucho cuidado, por lo tanto contiene toda la información. La otra está incompleta y es confusa. Con estos ejemplos se demuestra claramente que un alumno tiene más posibilidades de hacer las tareas escolares correctamente que el otro.

Déle a su hijo una copia de la Agenda semanal (página 155 del Apéndice). Dígale que usted espera que la use para anotar todas las tareas que tenga para la semana. Muéstrele los ejemplos que figuran a continuación y asegúrese de que entienda por qué es importante que escriba detalladamente todas las tareas.

AGENDA SEMANAL

NOMBRE _____ FECHA _____

MATERIAS	LUNES	MARTES	MIERCOLES	JUEVES	VIERNES
Matemáticas	páginas 101-102	Examen del viernes	página 111		
Estudios Sociales	artículo de actualidad	Preguntas pág. 64	Prueba del viernes		Prueba
Inglés	cuento sobre una mascota	Prueba del jueves			
Ciencias	Hacer el experimento para el miércoles	Leer pág. 140-150			

Incorrecto: La información anotada es incompleta

AGENDA SEMANAL

NOMBRE _____ FECHA _____

MATERIAS	LUNES	MARTES	MIERCOLES	JUEVES	VIERNES
Matemáticas	pág. 101 Nros. 1-12 pág. 102 Nros. 1-4 solamente	Examen del viernes Estudiar capítulo 14 - pág. 99-112 solamente	página 111 problemas pares! Mostrar trabajo Estudiar para la prueba	Estudiar para la prueba pág. 99-112 Repasar la última prueba	Prueba ✳
Estudios Sociales	Conseguir artículo de actualidad para el jueves. Tiene que ser de Sudamérica y del periódico	Contestar las preguntas 1-12 de pág. 64 Usar pluma	Prueba del viernes Cap 4-5 Estudiar las preguntas del final del capítulo	Llevar artículo de actualidad. Estudiar para la prueba.	Prueba ✳
Inglés	"Mi mascota preferida" 2 páginas. Borrador para el jueves.	Prueba del jueves (pág. 44-46) Trabajar en el cuento!	Estudiar para la prueba. Terminar el borrador.	Prueba ✳ Entregar el borrador	Borrador final de "Mi mascota preferida" entregar próximo miércoles
Ciencias	Preparar un experimento de la lista de pág. 147. Traer el miércoles	Entregar el experimento mañana. Leer pág. 140-150. Contestar las preguntas de pág. 150	Entregar experimento Presentación ante la clase el viernes.	Preparar apuntes para presentación del experimento.	Presentar el experimento a la clase.

Correcto: Se ha anotado toda la información correspondiente.

Establecer un horario diario para hacer las tareas puede cons-
tituir la medida más importante que usted tome para
solucionar los problemas relacionados con las tareas escolares de sus niños. Ya no se considerará a las tareas como una
actividad que se tiene que "acomodar" entre las demás actividades... si queda tiempo para hacerlas. Un horario diario para
hacer las tareas elimina las adivinanzas que surgen cuando
se quieren hacer las tareas a tiempo y las lágrimas que se de-
rraman por ellas. Cuando establezca una horario diario para
hacer las tareas, le transmitirá a sus niños el mensaje de que
las tareas escolares tienen la primera prioridad en su casa.

Lista de control de Tareas escolares sin lágrimas

Veamos cómo le está yendo:

☐ ¿Ya preparó un lugar de estudios adecuado en su casa?

☐ ¿Ya estableció un horario diario para hacer las tareas?

LOS NIÑOS DEBEN REALIZAR LAS TAREAS ESCOLARES SOLOS

Los niños deben realizar las tareas escolares solos

Tal como lo dijimos en el Capítulo 1, las tareas escolares enseñan a los niños cómo asumir responsabilidades. Los estudios realizados demuestran que con las tareas escolares los niños adquieren conocimientos y habilidades que deben desarrollar si quieren llegar a ser independientes, sentirse motivados y tener éxito cuando sean adultos. Les enseñan a seguir instrucciones comenzar y terminar una tarea y organizar el tiempo disponible. Por ello, es importante que sus niños aprendan a hacer las tareas solos. ¿Pero qué es lo que puede hacer cuando su niño viene a verlo con las tareas en la mano y le dice: "No puedo hacer esto?".

Algunos niños se quejan constantemente de que las tareas son "demasiado difíciles". A veces no es fácil determinar si en realidad se trata de que no pueden hacerlas o simplemente no quieren hacerlas. Hasta puede ser el caso que el maestro no les haya explicado la tarea como corresponde.

Si su niño tiene la capacidad para realizar el trabajo, simplemente puede tratarse de que le falte confianza en sí mismo y necesite estímulos y consejos. Es normal que un padre reaccione a esto involucrándose y ayudando al niño que parece sentirse tan desvalido e incapacitado. Usted se siente muy mal cuando su niño viene a verlo muy afligido, con su tarea escolar en la mano y le dice: "¡Simplemente no la entiendo! ¡No la puedo hacer! ¡No puedo hacer nada!" El niño se muestra tan abrumado que usted actúa y lo "ayuda" haciéndole la tarea.

En realidad, bajo ningún concepto lo está ayudando. Haciéndole la tarea escolar, está corroborándole ese sentimiento de incapacidad que tiene con respecto a realizar el trabajo por su cuenta. Le está transmitiendo un mensaje que lo hará sentir aun más abrumado la próxima vez que tenga alguna tarea para hacer. El mejor modo de ayudarlo es brindarle aliento y consejos para que realice las tareas solo.

COMO LOGRAR QUE LOS NIÑOS TRABAJEN SOLOS

Dígale a sus niños que usted espera que hagan sus tareas escolares solos

"Sabemos que algunas veces las tareas te resultan difíciles, aun así tendrás que hacerlas solo. Nosotros no podemos realizar las tareas por ti. Vamos a estar a mano en caso que necesites ayuda. Pero antes de venir a pedirnos ayuda, queremos que tú solito intentes solucionar el problema o encontrar la respuesta o lo que sea".

Usted como padre tiene que proponerse la meta de lograr que los niños hagan las tareas por su cuenta. Pero esto no ocurre de un día para el otro. Poder trabajar en forma independiente es una habilidad adquirida que debe fomentarse y estimularse a partir de que los niños empiezan a recibir tareas para hacer en sus casas. Por eso es tan importante comenzar bien. Una participación cada vez mayor por su parte, alentando a los niños a que trabajen solos desde que son pequeños, dará por resultado la formación de jóvenes más responsables e independientes.

Para lograr una mayor participación, tenga en cuenta las siguientes pautas:
Jardín a 3º grado Controle todos los días si su hijo tiene tareas para hacer en casa.
Dígale a su niño a qué hora comienza el horario para hacer las tareas.
Compruebe que su niño cuente con todos los materiales necesarios.
Pídale al niño que le cuente de qué se trata la tarea.
Si es necesario, lean juntos las instrucciones. Cerciórese de que entienda lo que tiene que hacer.
Si es necesario, trabajen juntos en el primer problema o pregunta simplemente para que inicie las tareas.

	Esté a su disposición a fin de contestar preguntas y proporcionarle ayuda.
	Elogie los esfuerzos que realice su niño. (Véase el Capítulo 5.)
4º a 6º grado	Controle que su hijo haga las tareas escolares en el horario que corresponda.
	Sugiérale que llame a un compañero si necesita ayuda.
	Proporciónele ayuda solamente después de comprobar que ha hecho todo lo posible por su cuenta.
	Utilice las pautas para estudiar mejor, a fin de ayudar a su niño a trabajar en forma independiente. (Véase el Capítulo 11.)
	Elogie los esfuerzos que realice su niño. (Véase el Capítulo 5.)
7º a 12º grado	A no ser por casos muy especiales y aislados, a esta altura su hijo ya debe trabajar en forma independiente. Si tiene muchos problemas para hacerlo, deberá volver a usar las pautas y sugerencias dadas para alumnos más pequeños. La clave está en comenzar teniendo una participación activa y luego ir disminuyéndola en forma gradual.
	Utilice las pautas para estudiar mejor a fin de ayudar a su niño a trabajar en forma independiente. (Véase el Capítulo 11.)

¡PRECAUCION! No haga el trabajo de sus niños. No trate de enseñarles conceptos.

Todos los días los niños deberán detallar minuciosamente todas las tareas que tienen que realizar durante el horario diario destinado a tal fin. Si usted quiere, contróleles cada una de las tareas a medida que las vayan haciendo. Puede ser conveniente que los niños comiencen haciendo las tareas de los temas o materias que menos les gustan, a fin de asegurarse que tienen las mentes claras cuando se ocupen de las mismas.

Recuerde que todos los niños son distintos. Su niño puede estar en tercer grado y ya saber trabajar de una forma independiente y responsable. En este caso, no necesitará sentarse al lado del niño todos los días cuando comience a realizar las tareas escolares. Por otra parte, puede tener un niño en quinto grado que todavía no se puede poner solo a hacer lo que tiene que hacer. Si éste es el caso, será necesario que retroceda un poco. Oriéntelo siguiendo la serie de recomendaciones para los alumnos de Jardín a 3º grado. Una vez que ya se encuentre trabajando en forma independiente, reduzca el grado de su participación.

Emplee el método de estímulos y consejos.

Para alentar a su niño a trabajar en forma independiente, es indispensable que usted sepa de qué se trata esto que llamamos el método de estímulos y consejos. Es un método simple que le proporcionará los medios para que ayude a sus hijos a lograr tener confianza en su capacidad para hacer las tareas escolares solos. Tan sólo tenga presentes estas ideas cuando sus hijos constantemente le pidan ayuda para hacer las tareas:

Hágales notar su confianza en la capacidad que ellos tienen para hacer las tareas, dándoles un simple empujoncito:

NIÑO: Sencillamente no sé qué hacer. Esta página
              está muy confusa.

PADRE: Sé que crees que es muy difícil, pero estoy
              seguro que con tan sólo un poquito de ayuda
              mía, podrás hacerlo. Vamos a ver.

Separe esa tarea "tan abrumadora" en partes sencillas que usted sepa que su hijo puede realizar en forma acertada.

Es probable que un niño que se sienta incapaz, lea la tarea sin saber por dónde empezar. Ayúdelo a dividirla en partes que sean más manejables. Por ejemplo, pídale que sólo lea las instrucciones que tiene en una hoja de ejercicios:

NIÑO: No puede hacer esta hoja de ejercicios. Es demasiado difícil.

PADRE: Comencemos por leer las instrucciones que están al principio de la página. Léemelas, por favor.

NIÑO: "Subrayar cada palabra o frase que esté relacionada con el Descubrimiento de América".

Proporciónele estímulos y consejos cada vez que logre cumplir con una parte de la tarea. Luego pídale que siga con el resto de la misma hasta terminarla.

PADRE: Bien. Veo que puedes leer las instrucciones. ¿Sabes qué es lo que significan?

NIÑO: Seguro, hay que subrayar las palabras que tengan que ver con el Descubrimiento de América.

PADRE: Bien. Ahora veamos: ¿sabes qué es el Descubrimiento de América?

NIÑO: Por supuesto, lo estamos estudiando en la escuela. Se trata del viaje en el que Cristóbal Colón descubrió el Continente Americano.

PADRE: ¡Muy bien! Ahora trata de encontrar alguna de las palabras.

NIÑO: "Puerto de Palos". Esto tiene que ver con el descubrimiento de América. Me acuerdo de ese nombre. Lo voy a subrayar.

PADRE: Bien, esa palabra la conoces. Intenta encontrar otra.

NIÑO: "Esclavitud". No, no creo que esta palabra tenga algo que ver con el Descubrimiento de América.

PADRE: ¿Entonces la vas a subrayar o no?

NIÑO: No. Voy a buscar otra. "Carabela". No sé qué quiere decir. ¿Qué es una carabela?

PADRE: ¿Cómo podrías averiguar lo que es una carabela?

NIÑO: ¿Te refieres a un diccionario? ¡Vamos, papá (mamá)! ¿No puedes decirme qué es?

PADRE: Sé muy bien que sabes usar un diccionario. Busca la definición y dime cuando la encuentres.

Una vez que su niño comience a tener confianza en sí mismo, déjelo que haga solo una pequeña parte de la tarea.

Después de que cada una de las partes esté lista, pídale que haga la siguiente:

PADRE: ¡Lo estás haciendo muy bien! ¿Por qué no tratas de encontrar solo las próximas diez palabras? Una vez que termines, déjame ver lo que has hecho.

(Diez minutos después)

PADRE: ¡Oye! ¡Están todas bien! Ahora te apuesto a que puedes hacer el resto solito.

A veces resulta muy tentador darle simplemente la respuesta a sus hijos para que solucionen el problema de la tarea. Emplear el método que se describió en las páginas anteriores toma tiempo. Pero recuerde que estará haciendo mucho más por ellos que tan sólo ayudarlos a cumplir con una tarea. Proporcionándoles poco a poco estímulos y consejos para que trabajen por su cuenta, les estará ayudando de adquirir mayor confianza. Además, si lo analizamos desde el punto de vista real y concreto, sencillamente no podrá seguir siempre haciéndoles las tareas. A la larga hasta le resultará difícil a usted. ¿Cuán bien se acuerda de lo que aprendió en álgebra, química o inglés?

Lista de control de Tareas escolares sin lágrimas

☐ ¿Ya preparó un lugar de estudios adecuado en su casa?

☐ ¿Ya estableció un horario diario para hacer las tareas?

☐ ¿Ya comenzó a proporcionar estímulos y consejos a sus niños para que hagan solos las tareas?

INCENTIVE A SUS NIÑOS PARA LOGRAR QUE HAGAN LAS TAREAS LO MEJOR POSIBLE

Primera Parte: Los elogios

Incentive a sus niños para lograr que hagan las tareas lo mejor posible.

Primera parte: Los elogios.

En su carácter de padre, usted ejerce una tremenda influencia sobre el amor propio que sienten sus hijos. Lo que usted diga (o bien, lo que deje de decir) puede tener mucha importancia sobre cómo se sienten sus hijos acerca de sí mismos y con respecto a todo lo que hagan. Nunca subestime el valor de sus palabras o hechos.

Muchos de los niños que carecen de motivación para hacer las tareas escolares no se sienten seguros con respecto a su capacidad de triunfar en las actividades escolares. Necesitan contar con el aliento y apoyo de aquellas personas cuyas opiniones son sumamente importantes para ellos: los padres.

Sin querer, usted puede quebrar la confianza de sus niños con algunas de las cosas que dice o hace. ¿Suele concentrarse en el comportamiento negativo de sus hijos? Cuando los niños no se muestran tan "brillantes" como los padres creen que deberían ser, desafortunadamente es muy fácil frustrarse y responder a esa falta de motivación haciendo comentarios tales como:

> "Simplemente no puedes cumplir con las tareas sin dejar de hacer lío, ¿no es cierto?"

> "¿Qué es lo que tienes? ¿Alguna vez serás capaz de empezar a trabajar sin que yo tenga que empujarte a hacerlo?"

> "¿Esta es tu hoja de tareas? Parece que la hubieran pisoteado las gallinas".

> "¿Qué es lo que te pasa? ¿Nunca tratarás de llegar a ser nada?"

... Y por supuesto, la causa más común de resentimiento en un niño:

> "¿Por qué no puedes hacer las cosas tan bien como tu hermanita?"

No importa cuán frustrante pueda resultarle la conducta de sus hijos, los comentarios de este tipo sólo sirven para malograr la motivación y el amor propio de los niños. Siempre tenga presente que su apoyo entusiasta y constante incentivará a sus niños. Cuanto más se los aliente a sentirse bien con respecto a su capacidad de hacer cosas, más motivados se sentirán para tener éxito.

COMO INCENTIVAR A LOS NIÑOS CON ELOGIOS

Elogie constantemente los esfuerzos que realicen sus hijos.

La constancia constituye el secreto que está detrás de la motivación de los niños mediante los elogios. No guarde sus elogios solamente para cuando logren la mejor calificación en una prueba. Elogie a los niños por los esfuerzos que realizan cada día. Después de todo, son estos esfuerzos diarios los que los conducirán a mayores logros en el ámbito escolar y a obtener esas altas calificaciones. Hágales saber que usted valora todos los esfuerzos que hacen para salir bien.

> "Realmente te has preocupado por cumplir con esta tarea. ¡Muy buen trabajo!"

> "Estoy encantado de verte comenzar puntualmente tus tareas todos los días".

> "Ocho de las diez palabras están correctamente escritas, lo cual es un gran adelanto con respecto a la última vez. Me doy cuenta que te estás esforzando mucho".

> "Realmente me gusta que estés haciendo solo tus tareas escolares. ¡Muy bien!"

> "Me parece excelente que estés trabajando sin parar durante el horario para hacer las tareas y que hasta te quedes un poco más cuando es necesario. Me siento muy orgulloso de ti".

Dígales específicamente qué es lo que le gusta de lo que estén haciendo o hayan hecho.

"Realmente reconozco y aprecio tus esfuerzos para hacer las tareas escolares sin discutir" suena de una manera más sincera y tiene un mayor efecto sobre el amor propio de sus hijos que decir: "Estás haciendo un buen trabajo". Demuestra que usted se da cuenta perfectamente de qué es lo que están logrando los niños.

Los elogios son importantes para los niños de todas las edades. Para elogiarlos, tenga en cuenta las siguientes pautas:	
Jardín a 3º grado	Es muy importante elogiar todos los esfuerzos que realicen sus niños pequeños para cumplir con las tareas escolares. Hágale saber a su niño cuán orgulloso se siente por todo lo que hace y se esfuerza. Todos los días trate de encontrar varias cosas específicas para elogiar al niño por ellas.
4º a 6º grado	Todos los días elogie a su niño por algún logro especial.
7º a 12º grado	Los niños mayores también necesitan recibir elogios. Asegúrese de elogiar a su niño por lo menos una vez a la semana por alguna tarea o logro determinado. (Pídale que le muestre una tarea.)

Recuerde que un abrazo o una palmadita en el hombro aumentará la repercusión que alcance su mensaje.

La clave para motivar a sus hijos está en dejarles saber cuánto se interesa por ellos y cómo valora el esfuerzo que están haciendo. Un abrazo o una palmadita en el hombro servirá para darle más fuerza al mensaje.

Recurra al Superelogio para motivar a sus hijos.

El Superelogio es una técnica que sirve para hacerles saber a los niños cuánto valora y reconoce sus esfuerzos. A continuación le indicaremos cómo usarla:

Primero, uno de los padres elogia al niño por su comportamiento: "Sinceramente aprecio mucho todos los esfuerzos que haces para cumplir con tus tareas escolares. Las terminaste completamente durante el horario correspondiente y las hiciste muy bien. Quiero asegurarme de que papá se entere de esto cuando llegue a casa."

Segundo, la madre alaba al niño delante del padre. "Patricia hizo un excelente trabajo con sus tareas escolares de hoy. Comenzó a hacerlas sin quejarse, se quedó hasta terminarlas y logró realizar un supertrabajo."

Por último, el padre elogia al niño: "Me sentí muy orgulloso de ti cuando mamá me contó lo bien que trabajaste. ¡Estás haciéndolo muy bien!"

En el caso de tratarse de un padre o una madre sin cónyuge, puede usar a uno de los abuelos, un vecino o un amigo de la familia para compartir este superelogio. Cualquier persona adulta, cuya aprobación será importante para sus hijos, puede cumplir el papel de esa segunda persona que los va a elogiar.

Todos los niños saben apreciar los elogios, los que tienen especial importancia en el caso de los niños que son muy
difíciles de motivar. Tenga siempre presente la tremenda repercusión que tienen sus elogios para ayudar a los niños a
tener confianza en sí mismos y enseñarles a comportarse como corresponde con respecto a las tareas escolares. Si
cuentan con su apoyo entusiasta en forma constante, los niños se sentirán motivados para verse bien a sí mismos y
encarar las tareas escolares con una mentalidad segurar y
confiada de que ellos pueden hacerlas.

Lista de control de Tareas escolares sin lágrimas

☐ ¿Ya preparó un lugar de estudios adecuado en su casa?

☐ ¿Ya estableció un horario diario para hacer las tareas?

☐ ¿Ya comenzó a proporcionar estímulos y consejos a sus niños para que hagan solos las tareas?

☐ ¿Elogió en forma constante los esfuerzos que hacen sus hijos?

INCENTIVE A SUS NIÑOS PARA LOGRAR QUE HAGAN LAS TAREAS LO MEJOR POSIBLE

Segunda Parte: Buenas ideas que realmente funcionan

Incentive a sus niños para lograr que hagan las tareas lo mejor posible.

Segunda parte: Buenas ideas que realmente funcionan.

Algunos niños son capaces de intentar lo imposible con tal de ganarse los elogios de sus padres. Para estos niños, el elogio constante basta para proporcionarles estímulos y mantenerlos entusiasmados con respecto a las tareas escolares. Mientras que hay otros niños que son más difíciles de incentivar tan sólo con palabras. En el caso de estos niños, tendrá que recurrir a otro tipo de incentivos.

Es probable que usted crea que los niños deben motivarse para realizar las tareas escolares sin que reciban algo a cambio. La idea de "pagarles" por hacer lo que se supone que deben hacer puede resultarle desagradable. Pero recuerde que todo el mundo necesita y quiere recibir aliento, estímulos y elogios por lo que hacen. La mayor parte del tiempo una simple palmadita en el hombro será suficiente. Pero hay veces en que se necesita algo más. Un incentivo es simplemente algo que lo motiva a uno a actuar. Si este incentivo extra es lo que da resultado para que sus hijos se sientan motivados a realizar sus tareas escolares, entonces inténtelo sin dudarlo un instante. Una vez que ya se encuentren trabajando por su cuenta, estará en condiciones de "eliminar gradualmente" estas "compensaciones" y de mantenerlos motivados solamente con sus elogios.

Nota: Es importante que recuerde que *solamente* será adecuado ofrecer estos incentivos después de haber intentado motivarlos a hacer las tareas mediante los elogios, sin resultados positivos.

COMO INCENTIVAR A SUS HIJOS PARA LOGRAR QUE HAGAN LO MEJOR POSIBLE

Dígale a sus niños que va a recurrir a nuevas ideas para ayudarlos a hacer las tareas escolares.

"Sabemos que a veces no es fácil hacer las tareas escolares. Por eso tenemos unas ideas magníficas para que puedas disfrutarlas más. Cuando hagas las tareas bien, vas a recibir un premio. Esto lo hacemos para que te sientas con ganas de esforzarte y hacer lo que más puedas".

Elija un incentivo que su niño sepa apreciar.

Plantéese la siguiente pregunta: "¿Qué tipo de incentivo funcionará mejor en el caso de mi hijo?" El mismo no tiene que resultar excesivo para su presupuesto ni incómodo para sus horarios. Aun así, tiene que tratarse de algo que tenga sentido para el niño. Se puede motivar a algunos niños permitiéndoles quedarse levantados hasta más tarde o dejándolos compartir alguna actividad con usted. Mientras que otros gruñirán con tan sólo pensar que van a pasar más tiempo involucrados en actividades familiares, pero sabrán apreciar las tarjetas de béisbol, un paseo hasta la tienda de videojuegos o una tarde con algún amigo o amiga especial. ¡No intente motivar a su niño con algo que no le importe!

"Sebastián, te portaste tan bien cuando te pusiste a hacer las tareas sin quejarte que ahora puedes quedarte levantado 15 minutos más esta noche".

"¡Pilar, esta semana has estado trayendo las tareas escolares a casa y haciéndolas solita con tanta responsabilidad! Vamos a almorzar juntas afuera el sábado".

"José, como esta semana hiciste todas las tareas, podrás ir a la fiesta el sábado por la noche".

Sea constante.

No se logran resultados con sólo proporcionar incentivos una o dos veces. Esté preparado para premiar a sus hijos en forma constante durante varios días, una o dos semanas y hasta por períodos más largos, según como sea el comportamiento y la reacción de sus hijos. Podría decidir usar algún incentivo o derecho a hacer algo que le guste una o dos veces a la semana, respaldándolo con elogios durante los demás días. Pero recuerde: sólo la motivación constante da resultados.

Elimine gradualmente los incentivos.

No se preocupe, no se supone que tendrá que darles incentivos a sus hijos durante toda la vida. Una vez que hayan demostrado que pueden hacer las tareas escolares como corresponde, podrá comenzar a eliminar gradualmente los incentivos. (En casi todos los casos, para ese entonces los niños ya se habrán acostumbrado a realizar las tareas con responsabilidad). Pero asegúrese de seguir elogiándolos verbalmente porque siempre necesitarán y esperarán recibir pilas de elogios.

Recuerde que usted es quien decide si les va a proporcionar incentivos.

Hay niños que se pueden acostumbrar a hacer las tareas a cambio de algún incentivo: "No me pondré a hacer las tareas a no ser que me dejes quedar levantado hasta más tarde". "Haré el análisis del libro si me das un premio".

Si esto sucede, establezca las reglas enseguida. No deje que sus hijos lo lleven a una pugna por demostrar quién es el más fuerte. No les permita que lo extorsionen para conseguir incentivos. Ponga límites inquebrantables a partir de la primerísima vez en que ellos se comporten de un modo amenazador. Hágales saber que no lo va a tolerar:

> "Josefina, tu obligación es hacer las tareas por tu cuenta. Yo decido si te daré un premio por ello o no. No pienses ni por un instante que se trata de algo que te merezcas normalmente".

BUENAS IDEAS PARA MOTIVARLOS

Las páginas siguientes contienen una diversidad de juegos y otras ideas para motivar a los niños. Todas estas ideas ya fueron usadas acertadamente por algunos padres para conseguir que las tareas escolares se conviertan en una vivencia positiva hasta para los niños más difíciles. Use la tabla que se ilustra a continuación como guía para decidir qué mecanismos de motivación pueden servir mejor en el caso de sus hijos. Pero recuerde que esto sólo se proporciona como guía. Nadie conoce a sus hijos mejor que usted, por lo tanto recurra a lo que sea necesario para motivarlos como mejor le parezca.

Jardín a 3º grado	Ganarle al reloj
	Tablero con aguja giratoria
	Premio a la mejor tarea escolar
	Contrato para hacer las tareas escolares
4º a 6º grado	Trueque
	Hagamos grupitos
	Tablero con aguja giratoria
	Premio a la mejor tarea escolar
	Contrato para hacer las tareas escolares
7º a 12º grado	Contrato para hacer las tareas escolares

Ganarle al reloj

Use este juego para aquellos niños que demoran mucho en hacer sus tareas escolares.

Determine cuánto tiempo le debería tomar a su niño terminar las tareas escolares. Luego, ni bien se inicie el horario para hacer las tareas, dígale que tiene una manera nueva y divertida de ayudarle a cumplir con las tareas.

1. "Tendrás una hora (o media hora o el tiempo que usted determine como necesario) para hacer todas las tareas de hoy.

2. Voy a poner este reloj de la cocina (cronómetro, etc.) en 60 minutos. Si terminas con las tareas y las mismas están bien hechas antes de que se cumpla ese plazo, te harás acreedor de ... (lo que usted haya elegido como premio)".

Puede usar este juego junto con el contrato para hacer las tareas escolares que figura en la página 158.

1. Haga una copia del Contrato para hacer las tareas escolares. Colóquela en la puerta del refrigerador o en algún otro lugar sobresaliente

2. En vez de ofrecerle un premio cada vez que le "gane al reloj", regálele una calcomanía.

3. Cuando el niño tenga cinco calcomanías (o tres, diez, etc.), le da un premio.

Eliminación gradual de los premios: Aumente la cantidad de calcomanías necesarias para ganar un premio a medida que el niño se porte de un modo más responsable con respecto a sus tareas escolares.

Tablero con aguja giratoria

Esta técnica divertida y entusiasmante se puede emplear con mucho éxito para motivar positivamente al niño a hacer las tareas escolares.

Va a necesitar un tablero con aguja giratoria de algún juego para realizar esta actividad. (Se pueden conseguir agujas giratorias en los negocios de artículos educativos, o bien busque en las cajas de juegos viejos que los niños ya no usen más).

1. Coloque una etiqueta adhesiva blanca sobre cada una de las secciones del tablero con la aguja giratoria. Llene cada sección con el premio o privilegio que le concederá a su hijo y que a él le guste (véase la Ilustración A para obtener ideas). Use lápiz para que pueda cambiar de tanto en tanto los premios que le dará. Asegúrese de alternar los premios en el tablero. Algunos tienen que ser más interesantes

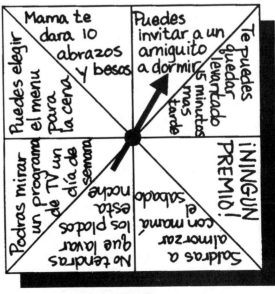

Ilustración A

que otros y hasta puede dejar un espacio marcado NINGUN PREMIO.

2. Dígale a su niño: "Cada vez que hagas bien las tareas, te harás acreedor del derecho de hacer girar la aguja del tablero una vez. Así ganarás el premio que marque la aguja".

Si decide usar este tablero con aguja giratoria, úselo constantemente. Cada vez que su hijo haga las tareas cumpliendo con todas las reglas, dígale: "Has hecho un excelente trabajo. Te ganaste una vuelta de la aguja giratoria".

Eliminación gradual de los premios: Marque con números los espacios del tablero con aguja giratoria a fin de indicar puntajes (véase la Ilustración B). Dígale a su hijo que sumará los puntos para obtener un premio. (Por ejemplo, cuando haya ganado 10 puntos gana un premio determinado). Aumente la cantidad de puntos necesarios para ganar un premio a medida que el niño se porte de un modo más responsable con respecto a sus tareas escolares.

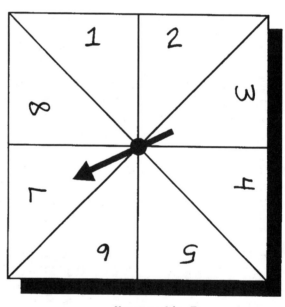

Ilustración B

Trueque

Este juego es para aquellos niños pequeños a quienes les cuesta sentirse capaces de poder hacer las tareas solos, a pesar de el frecuente aliento y apoyo que usted les brinde.

Algunos niños siguen teniendo miedo de trabajar sin que esté el papá o la mamá ahí al lado de ellos, mientras que hay otros que no dejan de interrumpirlo con preguntas superfluas cada vez que se ponen a hacer las tareas. Si a estos niños se les deja de prestar apoyo en el acto y se les niega ayuda, pueden presentarse tensiones y conflictos, es decir exactamente lo contrario de lo que está intentando conseguir. Ha llegado el momento de usar Trueque para disminuir esa necesidad de pedir ayuda.

1. Dígale a su niño: "Sé que puedes hacer tus tareas solito. Sé que puedes hacerlas sin hacerme tantas preguntas. Vamos a jugar un juego que nos va a ayudar con esto".

2. Tenga a mano una buena proporción de algo pequeño que le guste a su niño y que usted no tenga ningún inconveniente en darle: maníes, pasas de uva, caramelos o algún otro dulce. Coloque diez en un recipiente en el lugar de estudios del niño.

3. Dígale al niño: "Cada vez que vengas a hacerme una pregunta sobre tus tareas, tendrás que darme uno de estos caramelos (pasas de uva, etc.). Cuando se terminen, no te ayudaré más. Cuando finalice el horario para las tareas, te podrás quedar con lo que quede".

A los niños les encanta este juego. Además de querer quedarse con la mayor cantidad de caramelos posible, tienen el deseo de ganar. Cuando hacerle una pregunta implique que tendrá que renunciar a algo que le guste, su niño va a pensarlo dos veces e intentará encontrar la respuesta por su cuenta.

Eliminación gradual de los premios: Poco a poco disminuya la cantidad de premios con que cuenta al comenzar el juego. Si comienza con diez maníes, reduzca la cantidad a ocho después de haber jugado unas pocas veces y siga disminuyendo la cantidad varias veces más hasta eliminar el juego completamente. O bien, use la misma cantidad pero aumente la duración del juego. En vez de contar con una bolsita nueva de maníes cada vez que el niño tiene tareas para hacer, dígale que la misma deberá durar tres días y luego una semana.

A medida que reduzca gradualmente la cantidad de preguntas que le puede hacer, lo estará preparando para que trabaje en forma independiente y de un modo divertido y sin amenazas.

Hagamos grupitos

Se trata de una excelente técnica para usar con aquellos niños que piensan que tienen demasiadas tareas.

Algunas veces a los niños pequeños les resulta muy difícil hacer las tareas escolares simplemente porque se sienten totalmente abrumados por la cantidad que tienen. Cuando ven una tarea que, por ejemplo, consiste en 40 problemas aritméticos, ni siquiera quieren comenzar a hacerla. Jugar a "Hagamos grupitos" puede ayudarlos a ver esa monstruosa tarea como algo manejable. En pocas palabras, el juego "Hagamos grupitos" consiste en dividir una tarea larga en pequeños grupos. Por ejemplo, podría dividir los 40 problemas aritméticos en grupos de cinco problemas cada uno. Cuando su niño finalice cada grupo de cinco problemas, le entregará un pequeño premio.

Dígale a su niño: "Esta tarea es muy grande y larga, pero sé que la puedes hacer toda. Vamos a jugar un juego que te va a facilitar las cosas. Marqué los primeros cinco problemas en tu hoja de ejercicios. Quiero que los hagas solito. Cuando los termines, recibirás un premio. Seguiremos trabajando de esta manera con cada uno de los grupitos de cinco problemas hasta que termines con toda la tarea."

Eliminación gradual de los premios: A medida que el niño se sienta más cómodo con tareas largas, sepárelas en grupos más grandes (por ejemplo, 4 grupos de 10 problemas cada uno, luego 2 grupos de 20 problemas). En vez de ganar 8 premios pequeños, el niño ganará 4, luego 2 y por último 1.

Contrato para hacer las tareas escolares

El Contrato para hacer las tareas escolares es un medio de motivación efectivo que puede funcionar bien con niños de cualquier edad. Constituye una herramienta muy valiosa porque alienta a los niños a aceptar responsabilidades contenidas en un acuerdo firmado entre ellos y sus padres.

Un Contrato para hacer las tareas escolares es un acuerdo celebrado entre usted y su niño, estipulando lo siguiente: "Cuando hagas las tareas escolares en la forma adecuada, te harás acreedor de un premio".

Por ejemplo:

"Cada día que traigas las tareas escolares a casa y las hagas durante el horario correspondiente, ganarás un punto. Cuando hayas acumulado cinco puntos, puedes elegir una noche para quedarte levantado hasta más tarde".

"Cada día que comiences enseguida a hacer las tareas sin quejarte ni discutir acerca de las mismas, ganarás un punto. Cuando llegues a tener diez puntos, podrás salir a almorzar afuera".

Un contrato constituye una de las mejores formas de estructurar la motivación que le brinde a sus hijos. Cuando escriba y utilice un Contrato de corto plazo para hacer las tareas, tenga en cuenta las pautas que se ofrecen a continuación:

Elabore el contrato de manera tal que su niño pueda ganar un premio adecuado en un tiempo razonable.

Cuanto más pequeño es el niño, más seguidos deberán ser los premios. Emplee la siguiente tabla como guía, teniendo en cuenta las particularidades de sus niños.

Edad del niño	Tiempo mínimo requerido para ganar un premio
Jardín a 3º grado	Tres a cinco días
4º a 6º grado	Una a dos semanas
7º a 12º grado	Dos a cuatro semanas.

Haga copias del Contrato para hacer las tareas escolares que figura en la página 158 del Apéndice. Complete la siguiente información:

La cantidad de puntos que deben obtenerse para recibir un premio.

Qué premio ganará el niño cuando termine de hacer las tareas escolares como corresponde.

Por cada punto obtenido, el niño hará una marca en uno de los recuadros. Cuando llegue a acumular la cantidad de puntos estipulado, gana el premio. Asegúrese de colocar el Contrato para hacer las tareas escolares en una ubicación sobresaliente dentro de su hogar.

El contrato tendrá vigencia por un tiempo determinado: una o dos semanas hasta un mes o más. Cuando se venza el contrato, hable con su hijo para ver si será necesario celebrar otro contrato nuevo. Pregúntele si quisiera algo distinto como premio.

Eliminación gradual de los premios: A medida que el niño comience a hacer las tareas en forma independiente y con mayor responsabilidad, puede aumentar la cantidad de puntos que sean necesarios para ganar el premio. De esta manera lo acostumbrará a comportarse como corresponde. (Cambie el sistema de puntos cuando haga un contrato nuevo.)

Premio a la mejor tarea escolar

Reconozca y aplauda los esfuerzos que sus hijos realicen para cumplir con las tareas escolares, dándoles condecoraciones que puedan mostrar en sus habitaciones, en el refrigerador o en el boletín informativo de la familia.   Con un certificado o premio les hará saber lo orgulloso que se siente del trabajo que han hecho.   En las páginas 156 a 157 del Apéndice figuran algunos premios para las distintas edades.

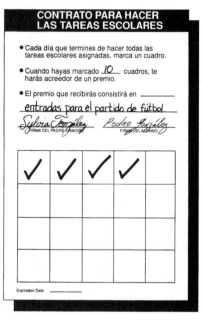

Proporcionar los estímulos necesarios a niños que carecen de motivación para hacer las tareas escolares puede representar un paso trascendental en esta meta de lograr que los niños hagan las tareas con responsabilidad. No dude ni tenga miedo de probar ideas propias que le parezcan adecuadas para motivarlos. Después de todo, nadie conoce mejor que usted a sus niños. Si sabe de algún juego u otro incentivo que piense que podría servir, no deje de probarlo.

Lista de control de Tareas escolares sin lágrimas

☐ ¿Ya preparó un lugar de estudios adecuado en su casa?

☐ ¿Ya estableció un horario diario para hacer las tareas?

☐ ¿Ya comenzó a proporcionar estímulos y consejos a sus niños para que hagan solos las tareas?

☐ ¿Elogió en forma constante los esfuerzos que realizan sus hijos?

☐ ¿Recurrió al uso de otros incentivos que fueron necesarios?

SI SUS NIÑOS NO ESTAN HACIENDO SUS TAREAS ESCOLARES

Hábleles con mayor firmeza

Capítulo 7

Si sus niños no están haciendo sus tareas escolares: hábleles con mayor firmeza

Bien, hasta ahora ha seguido todos los pasos: preparó un lugar de estudios tranquilo para sus hijos, implantó la idea de contar con un horario diario destinado a las tareas escolares exclusivamente, tomó las medidas necesarias para asegurarse de que trabajen por su cuenta y les brindó todo tipo de elogios e incentivos para motivarlos. Entonces ya tiene que estar en condiciones de sentarse todos los días a descansar en su sillón preferido mientras sus hijos se ocupan de realizar sus tareas escolares sin molestarlo. ¡Se acabaron todos los problemas! ¿Cómo... qué está diciendo? ¿Sus hijos todavía discuten con usted por las tareas escolares?

Si sucede esto, habrá llegado el momento de analizar cómo está tratándolos y comunicándose con ellos en este proceso de hacer las tareas escolares. Con tan sólo decirles a sus hijos que usted espera que hagan las tareas puede no bastar. Algunos niños se las ingeniarán para armar una discusión con tal de salvarse de hacer el trabajo. Lo que sigue a continuación de esto depende de su respuesta. Usted debe aprender a hablarles de manera tal de atraer su atención, es decir debe aprender a hablarles con firmeza.

Cuando les hable firmemente, les dirá lo que quiere decirles y tendrá toda la intención de querer decir lo que diga. Transmitirá a sus hijos mensajes directos y no les quedará duda alguna sobre qué es lo que quiere que hagan. Esta forma de hablarles es fundamental para lograr que los niños realmente lo escuchen.

Desafortunadamente, muy a menudo los padres recurren a los ruegos, las súplicas y las preguntas sin sentido cuando quieren que sus hijos se comporten como corresponde:

"¡Por favor! Ya no aguanto más. ¡Tienes que hacer las tareas!"

"¿Cuántas veces tendré que hablarte sobre este tema de las tareas escolares?"

"¿Qué es lo que voy a hacer contigo? ¿Qué es lo que tengo que hacer para que te pongas a hacer las tareas?"

Estos comentarios o reacciones no comunican abiertamente lo que usted quiere que hagan sus hijos, dado que son imprecisos, ambiguos y por sobre todas las cosas, ineficaces. Del mismo modo si usa comentarios o preguntas agresivas, grita o da alaridos, tampoco conseguirá nada:

"¿Qué te pasa? ¿Nunca puedes hacer nada como debes hacerlo?"

"Estoy cansada de perder mi tiempo tratando de lograr que te pongas a hacer las tareas".

"Será mejor que empieces a preocuparte o nunca llegarás a ser nada".

Esta agresividad resulta degradante para sus hijos, dado que anula el amor propio que tengan y contribuye a agrandar el problema y no a solucionarlo. Les crea resentimiento. Cuando usted les grita o chilla, lo que les transmite es su enojo e ineficacia, pero nunca su autoridad, además del hecho que el mensaje relacionado con el cumplimiento de las tareas escolares jamás llega a asomarse. Peor aún, este tipo de respuestas suyas le enseñarán a sus niños a ignorarlo cuando les hable.

Recuerde que usted ejerce el control. Usted debe tener una posición firme que lleve hasta el más obstinado de los niños a pensar que se ha topado con un obstáculo difícil de superar. Usted es el padre o la madre, y como tal no tiene que discutir con sus niños, ni tampoco suplicarles o gritarles. Pero sí tiene que explicarles con firmeza qué es lo que espera de ellos. Las tareas escolares tienen que hacerse. Usted tiene que decir lo que quiere decirles y tener toda la intención de querer decir lo que diga.

COMO HABLARLES CON FIRMEZA

De una manera clara y firme, dígales a sus hijos que usted espera que hagan sus tareas con responsabilidad.

Si a pesar de todo lo que ha intentado, sus hijos todavía están discutiendo con usted acerca de las tareas escolares, bajo ningún punto de vista tendrá que aceptarles esa actitud. Ya les ha brindado muchas oportunidades. Es hora que entiendan que usted está hablando en serio.

Siéntese con cada uno de los niños individualmente. Mírelo fijo a los ojos y háblele de una manera calma pero firme sobre lo que espera de él:

"En esta casa, hacer las tareas constituye la responsabilidad número uno. No habrá más discusiones sobre el tema. Harás las tareas solito y durante el horario determinado para hacerlas. Y las realizarás tratando de hacer lo mejor posible".

No discuta con sus hijos. Use la técnica del disco rayado.

Como ya se habrá dado cuenta, por lo general los niños discuten con sus padres cuando éstos les piden que hagan algo que no quieren hacer. Desafortunadamente, nosotros también les seguimos la discusión. ¡Esto no da ningún resultado! No caiga en la trampa de discutir con sus hijos:

PADRE: ¡Es hora de hacer las tareas escolares!

NIÑO: ¡Déjame unos minutos más! Quiero ver un programa solito, nada más. ¿Por faaaavor?

PADRE: Siempre pides que te dejemos más tiempo. Vamos, es hora que hagas las tareas.

NIÑO: Esto no es justo, nunca me dejas ver la tele. ¡Siempre te la agarras conmigo!

PADRE: ¿Cómo? ¿Qué siempre me la agarro contigo? Yo no me la agarro contigo. Lo único que haces es mirar televisión.

NIÑO: Es no es cierto. A ti sólo te gusta pelearme. Nunca te la agarras con Mario cuando él no hace las tareas. ¡Eso no es justo!

PADRE: No creo que yo sea injusto...

Esto no está nada bien. Al discutir con el niño, este padre ha perdido el control de la situación, a la vez que dejaron de concentrarse en la responsabilidad del niño para hablaren cambio de la equidad del padre. El niño ha manejado a su padre de una forma acertada, escapándose de las tareas nuevamente y dando lugar a una discusión que nada tiene que ver con las tareas escolares.

Cuando sus niños discutan con usted acerca de las tareas escolares, tan sólo repita de un modo claro y firme qué es lo que usted espera. Use lo que llamamos la técnica del disco rayado: suene como si fuera un disco que está trabado en uno de sus surcos. Siga repitiendo qué es lo que quiere: "Quiero que hagas tus tareas escolares", sin escuchar los argumentos que su hijo pueda tener.

PADRE: Es hora de hacer las tareas. Quiero que te pongas a hacerlas ahora mismo.

NIÑO: ¡Déjame unos minutos más! Quiero ver un programa solito, nada más. ¿Por faaaavor?

PADRE: (recurriendo al disco rayado) Te comprendo, pero quiero que te pongas a hacer las tareas ya mismo.

NIÑO: No eres justo. Nunca me dejas ver tele.

PADRE: (recurriendo al disco rayado) Te comprendo, pero quiero que te pongas a hacer las tareas ya mismo.

NIÑO: Bueno, bueno... ya las hago.

Con la técnica del disco rayado evitará que los argumentos del niño lo lleven por las ramas y le hará saber que usted espera que haga las tareas escolares. A continuación le ofrecemos algunas pautas sencillas para usar esta técnica del disco rayado cuando su hijo le discuta lo que usted diga:

Decida qué es lo que quiere que haga el niño: "Quiero que hagas las tareas escolares".

Siga repitiendo lo que quiere una vez que el niño comience a discutirle. No conteste a ninguna de las cosas que le diga su hijo.

Utilice la técnica del disco rayado tres veces como máximo. Si su hijo continúa discutiéndole y no realiza las tareas, entonces tendrá que dar un paso adelante y "respaldar sus palabras con hechos", tal como lo trataremos en el Capítulo 8.

Las discusiones con sus niños constituyen situaciones en las que nadie sale ganando. El único resultado es que todos se enojan, no se soluciona nada y se pierden las intenciones originales. Una vez que aprenda a hablar de manera tal que sus niños lo escuchen, todos se sentirán mejor. Usted se sentirá mejor porque podrá decir con calma qué es lo que espera de ellos y sus niños se sentirán mejor porque sabrán exactamente qué se espera que ellos hagan.

Lista de control de Tareas escolares sin lágrimas

☐ ¿Ya preparó un lugar de estudios adecuado en su casa?

☐ ¿Ya estableció un horario diario para hacer las tareas?

☐ ¿Ya comenzó a proporcionar estímulos y consejos a sus niños para que hagan solos las tareas?

☐ ¿Elogió en forma constante los esfuerzos que realizan sus hijos?

☐ ¿Recurrió al uso de otros incentivos que fueron necesarios?

☐ ¿Consiguió comunicarse con los niños como para que realmente lo escuchen?

RESPALDE SUS
PALABRAS CON HECHOS

"SABEMOS QUE ULTIMAMENTE HAN ESTADO TENIENDO PROBLEMAS CON LAS TAREAS ESCOLARES, ASI QUE HEMOS TRAIDO A ALGUIEN PARA QUE LES AYUDE ESPECIALMENTE CON LAS TAREAS Y LOS MOTIVE A HACERLAS."

Respalde sus palabras con hechos

Hay veces en que no bastan ni las palabras más cuidadosamente elegidas. No importa cómo haya intentado motivarlos con elogios, no importa cuán firmemente expresó sus deseos, nada dio resultados. Su hijo aún no hace las tareas. Es hora que respalde sus palabras con hechos. Es hora que le diga a su hijo, con toda su autoridad paternal, que las tareas escolares son más importantes que cualquier otra cosa que haga.

En primer lugar, analice la situación en todos sus aspectos reales. Usted no puede lograr que su niño haga las tareas escolares. No puede conseguir´que tome una pluma y escriba un informe. No puede hacerlo leer un capítulo del libro de texto. Su hijo lo tiene que hacer por sí mismo. Pero sí hay algo que usted puede hacer:

Recuerde que las tareas escolares enseñan a los niños a ser responsables de sus propias acciones. Si sus hijos no lo han aprendido hasta ahora, usted se los va a enseñar de un modo más claro. Usted va a colocar la responsabilidad en el lugar que corresponde: sobre las espaldas de sus hijos. Les va a dejar elegir.

Van a poder elegir entre asumir la responsabilidad de realizar las tareas como corresponde o bien renunciar a todo tipo de privilegios y derechos a hacer lo que les gusta, hasta tanto cumplan con las tareas escolares. En otras palabras, su hijo se decidirá por sentarse en su escritorio hasta terminar sus tareas escolares. Si esta labor le lleva toda la tarde, será por decisión propia.

¿Se da cuenta de la diferencia? En lugar de decirle al niño qué es lo que tiene que hacer, le está dando la oportunidad de ser responsable por sus actos y sus consecuencias. Si su niño opta por no hacer las tareas: perfecto, también habrá decidido renunciar a todo privilegio o prerrogativa.

A muchos padres les resulta muy difícil adoptar una postura tan firme y terminante ante sus hijos. Algunos padres tienen miedo de llegar a infligir daños psicológicos sobre sus hijos por sólo mostrarse firmes y enérgicos. Mientras que otros simplemente tienen miedo de que sus niños no los quieran por ello.

Pero la realidad de la situación indica que se tiene que adoptar esta posición en pos del bien de los niños. Es la única manera de que lleguen a aprender a asumir responsabilidades cuando tengan que realizar tareas escolares.

COMO SUSTENTAR LAS PALABRAS CON HECHOS

Dígale a los niños que ellos son quiénes deciden.

Dígale a sus hijos exactamente lo que quiera decirles:

"Puedes decidir entre hacer las tareas escolares durante el horario para ello u optar por no disfrutar de ningún privilegio. Si decides no hacer las tareas, desde que empiece el horario correspondiente hasta que termines con la tarea perderás los siguientes privilegios: no podrás salir de casa, mirar televisión, escuchar música ni hablar por teléfono, ya sea para llamar como para recibir llamadas. Te sentarás aquí hasta que cumplas con toda la tarea. La decisión queda en tus manos".

Haciéndoles saber claramente lo que usted espera de ellos, no quedará lugar a duda sobre qué es lo que quiere que hagan y cuáles serán las consecuencias si no lo hacen.

No los amenace con castigos sin sentido.

Las amenazas en el aire, es decir las que no están sustentadas por algún hecho concreto, solamente les hace pensar que usted no habla en serio.

"Harás las tareas escolares .... sinoooo...."

"¡Hablo en serio! La próxima vez que me hagas problemas por las tareas escolares, te quedarás sin salir durante un mes!"

"¡No estoy hablando en broma!; Te daré un castigo si no te pones a hacer las tareas escolares...inmediatamente!"

Sea constante para llevar a cabo sus exigencias hasta el final.

Su constancia constituye un factor clave para lograr enseñarles a los niños que habla en serio con respecto a las tareas escolares, como así también en otros aspectos. Los niños deben entender que usted no va a transigir o echarse atrás, que todos los días se va a cerciorar de que hagan las tareas con responsabilidad.

Tanto usted como su niño deberán entender que es probable que éste tenga que sentarse en su lugar de estudios todos los días y mirar al techo hasta tanto se decida a hacer las tareas con responsabilidad:

NIÑO: Están dando mi programa preferido. ¿Me dejas verlo, por favor?   Terminaré de hacer mis tareas en la escuela, te lo prometo.

PADRE: Julián, el horario para hacer las tareas comienza a las 7:30. En este momento son las 8:00 y no has hecho las tareas escolares. Tienes que finalizar las tareas antes de ponerte a hacer cualquier otra cosa.

NIÑO: ¡Solamente este programa, por favor! Hace tres días que no veo tele.

PADRE: Eso se debe a que en los últimos tres días decidiste no hacer las tareas durante las horas destinadas a ello.

NIÑO: ¡No me gusta hacer las tareas! ¡Son muy aburridas!

PADRE: Te comprendo, pero las reglas de este juego indican que debes terminar de hacer las tareas antes de mirar televisión.

NIÑO: ¡Esto no vale! ¡No voy a poder mirar más tele!

PADRE: Sí que podrás hacerlo. Cuando decidas ponerte a trabajar y hacer las tareas durante el horario correspondiente, podrás mirar televisión una vez que finalices.

Esté preparado para que sus hijos lo pongan a prueba para ver si habla en serio.

Muchos niños pondrán a sus padres a prueba para comprobar si habla en serio con respecto a lo que espera de ellos y las tareas escolares. Para ello podrían usar varias tácticas.

Ponerse a llorar

Es probable que el niño se ponga a llorar o gritar cuando le comunique que no va a poder hacer las cosas que le gustan hasta que no termine con sus tareas escolares. Su experiencia le ha demostrado que esta táctica funciona para que los padres se echen atrás, ya sea por sentimientos de culpa o porque se exasperan. No importa lo enojado que pueda estar su hijo, póngase firme en su postura y continúe manteniéndola insistiendo en sus exigencias:

NIÑA: ¡Estoy cansado de hacer tareas! ¡Quiero ver tele!

PADRE: (con calma) Graciela, no podrás mirar televisión hasta que no hayas finalizado con tus tareas.

NIÑA: (comenzando a llorar) Nunca voy a terminar esto. Voy a estar haciendo tareas durante toda la noche.

PADRE: (manteniéndose calmo) Gracielita, entiendo lo enojada que estás. Pero llorar no nos va a ayudar a hacer las cosas.

NIÑA: (entre sollozos) ¡Eres malo! Me haces sentar aquí y trabajar en estas tareas horribles.

PADRE: (todavía calmo) Graciela, puedes llorar si prefieres. Pero aun así, tendrás que hacer las tareas. Cuánto más tiempo llores, más tiempo te tomará hacer las tareas.

Enojarse

El niño puede reaccionar a sus exigencias enojándose. De ese modo estará tratando de usar su enojo para intimidarlo con el objeto de que se eche atrás. No permita que lo afecte el enojo de su hijo o hija. No le discuta. Manténgase calmo, firme y en control de la situación.

PADRE: Elena, deja de hablar por teléfono. Sabes bien que no tienes permitido usar el teléfono mientras estás haciendo las tareas.

NIÑA: (con enojo) ¡Pero, vamos! ¡Déjame en paz!

PADRE: (manteniéndose calmo) Elena, dije que no puedes usar el teléfono hasta tanto finalices con tus tareas escolares.

NIÑA: (gritando) ¿Por qué eres tan malo? Ninguno de mis amigos tienen que dejar de hablar por teléfono mientras están haciendo las tareas.

PADRE: (con calma) Esa no es la cuestión. Tú tienes que finalizar las tareas escolares antes de poder usar el teléfono.

NIÑA: (dirigiéndose a la amiguita que está en el teléfono) Tengo que cortar ahora. ¡Mis padres son tan pesados! Te llamo más tarde.

Mantenerse indiferente

Pareciera que algunos niños tienen deseos de pasarse todas las noches sentados haciendo las tareas, día tras día, como si no les importara nada. Estos niños esperan poder manejar a sus padres para que crean que nada los motiva a hacer las tareas escolares. El niño cree que a la larga lo va a terminar cansando y usted dejará de probar. Pero empezará a preocuparse cuando se dé cuenta que usted habla en serio y sigue insistiendo en lo mismo.

PADRE: Pedro: ¿terminaste con tus tareas?

NIÑO: No y no me importa si tengo que pasarme toda la noche aquí.

PADRE: (con calma)   Es un problema tuyo, Pedrito. Pero espero que tarde o temprano cambies de parecer.

No deje que la táctica que use su hijo, ya sea llorar, gritar, comportarse con agresividad, maldecir, asumir una actitud de "nada me importa" o alguna combinación de todas éstas, lo convenzan. Permanezca firme en su postura. Deje que su niño se dé cuenta que cualquier intento de manipularlo no funcionará y que al final tendrá que hacer las tareas escolares.

Si no puede estar en su casa durante el horario para hacer las tareas escolares, supervise a sus hijos para asegurarse de que estén haciéndolas.

En el Capítulo 3 ya se trató este problema que frecuentemente tienen aquellos padres sin cónyuge, o bien padres de familias en las que ambos cónyuges trabajen. Aunque a veces, hasta en las familias más "tradicionales", se presenta el problema que los padres no pueden estar presentes para controlar a sus niños mientras hacen las tareas en el horario correspondiente.

Si su niño todavía se resiste a hacer las tareas, ya se trata de un problema realmente serio. Tendrá que asegurarse de que la persona que lo cuide mientras usted esté fuera de su casa esté preparada para obligarlo a cumplir con las reglas. Deberá dejarle instrucciones específicas con respeto a las tareas escolares de su hijo y qué es lo que espera que haga. Cerciórese de que esta persona sepa que, durante el horario para hacer las tareas, su hijo no puede hacer nada más que eso, haciéndolas en el lugar de estudios y en forma independiente. De ser posible, llame por teléfono durante ese horario para ver cómo le va a su hijo. Pídale que deje las tareas escolares a mano para que usted pueda revisarlas cuando llegue a su casa.

Llame a la escuela si todavía sus hijos se niegan a hacer las tareas escolares.

Algunos niños son capaces de decidir quedarse sentados en sus escritorios todas las noches, sin hacer las tareas de una forma satisfactoria, aun cuando tengan la capacidad de hacerlas bien. Si esto sucede en su hogar, notifíqueselo al maestro de su hijo. Hágale saber que su hijo no terminó el trabajo y trate de ver si él o ella puede ayudarlo.

En el caso de muchos niños, resulta beneficioso hacerles saber que usted y el maestro están trabajando juntos a fin de asegurarse de que ellos cumplan con sus tareas. Convertirse en un aliado del maestro para lograr mejorar el desempeño escolar de sus niños constituye el tema de nuestro próximo capítulo.

Manténgase firme con sus hijos. Tienen que entender que usted no va a discutir con ellos, no les va a seguir las peleas y que se propone que hagan las tareas escolares... si no es así, tendrán que aceptar las consecuencias. Usted sabe bien la importancia que tiene para el futuro de sus niños que se tomen en serio el trabajo que representan las tareas escolares, y por lo tanto usted también esté decidido a actuar para que cumplan con ello. Dar a los niños la posibilidad de elegir implica hacerlos responsables por sus propios actos. No se eche atrás con sus exigencias. Y asegúrese de notificar al maestro de sus niños en el caso de seguir teniendo problemas con las tareas escolares.

Lista de control de Tareas escolares sin lágrimas

☐ ¿Ya preparó un lugar de estudios adecuado en su casa?

☐ ¿Ya estableció un horario diario para hacer las tareas?

☐ ¿Ya comenzó a proporcionar estímulos y consejos a sus niños para que hagan solos las tareas?

☐ ¿Elogió en forma constante los esfuerzos que realizan sus hijos?

☐ ¿Recurrió al uso de otros incentivos que fueron necesarios?

☐ ¿Consiguió comunicarse con los niños como para que realmente lo escuchen?

☐ ¿Asumió una postura firme?

EL MAESTRO: SU ALIADO EN LA ESCUELA

El maestro: su aliado en la escuela.

Como ya lo dijimos, las tareas escolares constituyen el vínculo entre el hogar y la escuela. Muchas veces, los problemas que sus hijos tienen con las tareas escolares sólo se pueden resolver si los padres y el maestro coordinan sus esfuerzos.

Existen dos pautas que se deben tener en cuenta cuando se trabaja junto con el maestro de sus hijos. En primer lugar, no dude en ponerse en contacto con el maestro cuando los niños tengan problemas para hacer las tareas que usted no pueda resolver usando los métodos que sugiere *Tareas escolares sin lágrimas*. Cuanto antes le comunique el problema al maestro, más rápido se actuará y se lo solucionará.

En segundo lugar, no se sienta inhibido por el maestro. Muchos padres son renuentes a "molestarlo" o tienen miedo de decirle que sus niños tienen problemas. Los buenos maestros quieren estar enterados de las dificultades que tienen sus alumnos. No les gusta desconocer lo que está pasando. Lo instarán a que les comente todo y verán con mucho agrado que usted comparta información e ideas con ellos.

Al mismo tiempo, no cometa el error de pensar que cualquier dificultad que tengan sus hijos es "un problema del maestro". Este tiene su función importante en la educación de sus hijos, así como usted tiene la suya. Es muy fácil denegar toda responsabilidad con respecto a los logros académicos de sus hijos diciendo: "Es un problema del maestro", o bien "La que falla es la escuela". En vez de buscar las fallas, piense en lo que usted y el maestro puedan hacer juntos, como si fueran socios, para solucionar el problema existente y asegurarse de que el niño salga adelante. Esté preparado para aceptar cualquier cosa que el maestro pudiera decirle o sugerirle, aun cuando se trate de algo que resulta una sorpresa desagradable.

Cuando usted forme una alianza con el maestro, le hará notar a sus hijos que usted desde su hogar y el maestro desde la escuela han construido un frente común para ayudarlos a tener éxito. ¡Este mensaje tendrá tanta fuerza que logrará resultados!

COMO Y CUANDO PONERSE EN CONTACTO CON EL MAESTRO

Comuníquese con el maestro si su niño no puede hacer las tareas escolares.

Si sus hijos tienen problemas para cumplir con las tareas asignadas, el maestro debe saberlo. Una vez más, resista toda tentación de intervenir y enseñarles los conceptos que estén involucrados en las tareas. Su misión no es enseñarles. Y tampoco intervenga para hacerles usted las tareas.

La primera comunicación que tenga con la escuela deberá ser mediante una nota dirigida al maestro, en la que le haga saber que su niño no está haciendo el trabajo asignado. Puede incluir alguna observación con respecto a lo que sucede cuando el niño intenta ponerse a hacer las tareas. ¿Se trata de que no entiende los conceptos o bien no sabe cómo aplicarlos? Si el problema subsiste, es hora de llamar al maestro para hablar acerca del problema o coordinar una reunión. El problema puede surgir por varios motivos. Es posible que su niño no preste atención en clase, tenga problemas con una determinada materia o tema, o bien pueda tener alguna dificultad de aprendizaje que no ha sido detectada todavía. El maestro puede estar dándole tareas que abarcan conceptos que el niño todavía no sabe bien o que no sean adecuadas para su nivel de educación (de ser éste el caso, la mayoría de los alumnos de la clase tendrán la misma dificultad). Una reunión entre el padre o la madre (o ambos) y el maestro a menudo resulta lo único que se necesita para hallar el origen del problema y encontrar una solución.

Comuníquese con el maestro cuando su hijo no traiga a casa el trabajo asignado como tarea.

Cuando los niños siguen "olvidándose" de hacer las tareas escolares o de traerlas a casa, tendrá que actuar junto con el maestro para corregir este problema. Solamente si se pone en contacto con la escuela, sabrá qué tareas tiene que hacer su hijo. La mejor manera de manejar este problema es pedirle al niño que traiga al hogar un registro de las tareas asignadas cada día. (Véanse las planillas para Registro de las tareas asignadas que figuran en las páginas 159 y 160 del Apéndice.) Pida al maestro

REGISTRO DE LAS TAREAS ASIGNADAS

NOMBRE _____

DIA _____

PERIODO	CLASE	TAREA ASIGNADA	FIRMA DEL MAESTRO
1			
2			
3			
4			
5			
6			

de su niño que anote todas las tareas en este registro y las firme y ponga la fecha correspondiente para que usted pueda verificarlas. Si algún día no tienen ninguna tarea asignada, pídale que escriba "no hay tareas escolares". Todos los días, antes de comenzar el horario para hacer las tareas escolares, siéntese junto con su niño y lean las tareas anotadas en este registro.

Si su niño "pierde" este registro o se "olvida" de traerlo a casa, recurra a lo que se indicó para el horario obligatorio para hacer las tareas escolares en el Capítulo 3.

Debe exigirle al niño que permanezca en su lugar de estudios mientras dure el horario para hacer las tareas escolares, realizando algún tipo de trabajo académico. Después, a primera hora de la mañana, llame al maestro. Su niño se dará cuenta de que usted y el maestro se han convertido en aliados que están decididos a lograr que él o ella haga las tareas escolares con responsabilidad.

Comuníquese con el maestro cuando su hijo no termine de hacer las tareas escolares.

Cada día que su hijo no termine de hacer las tareas escolares, envíe una notita al maestro indicándole que esto ocurrió y que espera que siga con el tema en la escuela. Es posible que sea necesario mantener una charla con el maestro para coordinar los detalles de este plan.

Comuníquese con el maestro cuando su hijo no haga bien las tareas o dé muestras de tener tendencia a no trabajar bien.

Algunos niños terminan haciendo las tareas a tontas y a locas, lo cual resulta en un trabajo deficiente, desprolijo y lleno de errores. Es posible que esto suceda porque su hijo no sabe trabajar bien o simplemente no entienda el material con el que debe trabajar.

Una reunió con el maestro puede ayudarlo a determinar la causa del problema y a pensar en posibles soluciones.

Si su niño no sabe trabajar bien, el maestro puede llegar a pedirle que usted intervenga de un modo más activo en las tareas escolares. Hasta puede llegar a solicitarle que le corrija el trabajo y exija al niño que mejore su forma de trabajo. Por lo general, usted no debiera corregir las tareas de su niño, ya que esa tarea le corresponde al maestro. Pero si éste se lo pide, dígale al niño que el maestro espera ver mejoras en sus trabajos y que le ha pedido a usted que lo ayude.

¿QUE OCURRE SI EL NIÑO ESTA ABURRIDO?

Existe un factor que todavía no hemos tratado y que pudiera ser la causa de los problemas que sus hijos tienen con las tareas escolares, o bien una parte de la misma. El niño podría "olvidarse" de traer las tareas al hogar, no hacerlas o hacerlas mal simplemente porque está aburrido.

Todos podemos ponernos en la situación del niño cuando esto sucede. Todos recordamos haber tenido maestros monótonos y sin imaginación que podrían haber llevado a un Einstein a hastiarse de estudiar física o a una Gabriela Mistral a alejarse de la poesía para siempre. Hasta usted se podría poner a mirar las tareas asignadas y pensar: "El niño tiene razón, esto es aburrido, totalmente sin sentido".

Pero eso no tiene ninguna importancia. No se trata de las características del trabajo en sí, no es eso lo que nos importa, sino el proceso. A veces hasta la vida misma puede parecernos como una tarea insensata. Si su niño tiene la mala suerte de tener un maestro tedioso, no deje que use este hecho como excusa para evitar hacer las tareas que tiene que hacer. Deberá tener conciencia de que tiene que cumplir con las tareas asignadas de todos modos, ya sea con las que son interesantes, las que son tremendamente aburridas o las que estén en el medio.

En caso contrario, usted y el maestro estarían trabajando con propósitos distintos. En vez de convertirse en aliado del maestro, estaría dándole lugar a su hijo para que los coloque uno en contra del otro, y mientras tanto, él o ella evita la responsabilidad de tener que hacer la tarea.

No dude en formar una alianza con el maestro. Hágales saber a sus niños que usted desde el hogar y el maestro desde la escuela están creando un frente común para ayudarlo a tener éxito.

Lista de control de Tareas escolares sin lágrimas

☐ ¿Ya preparó un lugar de estudios adecuado en su casa?

☐ ¿Ya estableció un horario diario para hacer las tareas?

☐ ¿Ya comenzó a proporcionar estímulos y consejos a sus niños para que hagan solos las tareas?

☐ ¿Elogió en forma constante los esfuerzos que realizan sus hijos?

☐ ¿Recurrió al uso de otros incentivos que fueron necesarios?

☐ ¿Consiguió comunicarse con los niños como para que realmente lo escuchen?

☐ ¿Asumió una postura firme?

☐ ¿Se puso en contacto con el maestro de sus niños cuando fue necesario?

COMO SOLUCIONAR LOS SIETE PROBLEMAS MAS COMUNES RELACIONADOS CON LAS TAREAS ESCOLARES

Cómo solucionar los siete problemas más comunes relacionados con las tareas escolares

En este capítulo de *Tareas escolares sin lágrimas* se integran todos los esfuerzos para proporcionarle soluciones planteadas paso por paso para encarar los siete problemas más comunes relacionados con las tareas escolares. En los capítulos anteriores ya se han tratado estas soluciones; aquí sólo se las ha reorganizado para que usted pueda encontrar rápidamente lo que necesita hacer. Cada uno de los problemas está presentado en una especie de planilla que es fácil de consultar. En la mayoría de los casos, se incluyen referencias a las páginas y los capítulos correspondientes para que usted pueda repasar con facilidad la información más detallada si así lo desea.

Cómo se usa este capítulo:

Ubique el problema que tiene en el cuadro de la página 100.

Diríjase a la página correspondiente.

Lea la descripción del problema. ¿Es éste el problema que está teniendo con su hijo? Si la respuesta es afirmativa, lea las soluciones paso a paso que se indican en la planilla correspondiente. Se trata de pasos que usted debe seguir para solucionar los problemas particulares que tengan sus hijos con las tareas escolares. Recuerde que obtendrá mejores resultados si utiliza varios pasos juntos (o bien, todos los pasos).

Los siete problemas más comunes relacionados con las tareas escolares:	
Problema No. 1	El niño no se esfuerza por hacer las tareas lo mejor posible (es decir, sus trabajos son desprolijos y están llenos de errores). Véase la página 101.
Problema No. 2	El niño se niega a hacer las tareas escolares. Véase la página 104.
Problema No. 3	El niño no trae las tareas escolares al hogar. Véase la página 107.
Problema No. 4	El niño tarda toda la noche para cumplir con las tareas escolares. Véase la página 110.
Problema No. 5	El niño no quiere hacer las tareas solo. Véase la página 113.
Problema No. 6	El niño espera hasta el último minuto para finalizar las tareas escolares. Véase la página 116.
Problema No. 7	El niño no hace las tareas escolares si usted no se encuentra en la casa. Véase la página 119.

EL NIÑO NO SE ESFUERZA POR HACER LAS TAREAS LO MEJOR POSIBLE

PROBLEMA NO. 1

Los niños que carecen de motivación no se esfuerzan por hacer las tareas escolares lo mejor que puedan. Sólo ponen el mínimo de esfuerzo para cumplir con ellas. Se apuran para terminarlas con el solo propósito de pasar lo antes posible a otra actividad que sea más divertida. No les importa hacer las cosas bien. Sus trabajos son desprolijos y están mal preparados y llenos de errores.

La solución paso a paso

1

Exprese con claridad cómo quiere que hagan las tareas escolares

Siéntese al lado de su niño y háblele con seguridad y firmeza: "Cuento con que harás todas tus tareas escolares poniendo toda tu capacidad en juego. No permitiré que te apures y hagas las tareas a la ligera. No aceptaré que cometas tantos errores ni que termines haciendo un trabajo desprolijo y descuidado".

2

Establezca el horario obligatorio para las tareas escolares.

Elimine el incentivo que tenga su hijo para apurarse con las tareas escolares. Exíjale que pase de media hora a dos horas por día (según la edad del niño) ocupándose de sus actividades académicas. (Véanse las páginas 28 y 29).

3

Bríndele elogios y apoyo entusiasta cada vez que el niño haga un esfuerzo por hacer las tareas escolares con responsabilidad.

Asegúrese de que su hijo lo escuche decir: "¡Qué buen trabajo hiciste para cumplir con las tareas escolares", "Me gusta cómo estás trabajando y poniéndote a hacer las tareas ni bien empieza el horario correspondiente", etc. Piense en distintos elogios todos los días. (Véase el Capítulo 5.)

4

Proporciónele otros incentivos cuando los considere necesario.

A veces podrá motivar a aquellos niños que se resistan a hacer las tareas, usando otro sistema de premios que tenga reservado para esas ocasiones. Cada vez que su hijo cumpla con las tareas escolares de la mejor manera posible (usted es quien establece las pautas para ello), déle un premio u otórguele un punto que sumará a otros para obtener un premio más adelante. Recurra a este sistema durante un mes por lo menos a fin de condicionar a su hijo a adoptar una actitud más positiva con respecto a las tareas escolares. (Véase el Capítulo 6.)

5

Si todo lo demás falla, comuníquese con el maestro.

Si los cuatro pasos anteriores no resultan para motivar a su hijo a que encare las tareas escolares con responsabilidad, póngase en contacto con el maestro. Pida al maestro que le cuente acerca del desempeño del niño en la escuela. Trabajen juntos a fin de lograr tener un plan para mejorar la motivación del niño. (Véase el Capítulo 9.)

Tenga en cuenta lo siguiente:

No puede permitir que sus niños sigan mostrándose indiferentes con respecto a las tareas escolares. Si desarrollan esa forma desinteresada de encarar el aprendizaje, es probable que más adelante también tengan problemas al manejarse en la "vida real".

PROBLEMA No.

EL NIÑO SE NIEGA A HACER LAS TAREAS ESCOLARES

Algunos niños simplemente no hacen sus tareas escolares. Se pelean con usted por ese tema todas las noches. Hasta se pueden negar abiertamente a hacerlas, mentirle de que las han hecho y mentir al maestro acerca de los motivos por los cuales no las hicieron.

La solución paso a paso

1

Dígales lisa y llanamente que usted espera que terminen sus tareas escolares.

Siéntese al lado de su niño y dígale con seguridad y firmeza que desea que termine las tareas escolares. Dígale: "Esperamos que termines de hacer tus tareas escolares todas las noches. Bajo ningún concepto vamos a tolerar que te comportes en una forma irresponsable con respecto a las tareas que te hayan asignado".

2

Respalde sus palabras con hechos.

En la mayoría de los problemas que se presenten con las tareas escolares, recurrirá a motivar al niño brindándole su apoyo entusiasta. No obstante, cuando el niño comience a luchar con usted para demostrar quién tiene más fuerza y se niegue rotundamente a hacer lo que usted le pida, deberá usar toda su autoridad si desea lograr tener algún tipo de repercusión. Dígale lo siguiente:

"Puedes elegir entre hacer las tareas durante el horario fijado para ello o no gozar de ningún derecho a tener privilegios. Si decides no hacer las tareas escolares, entonces perderás todos tus derechos a hacer lo que te gusta a partir de la hora en que tengas que hacer las tareas hasta que las termines. No podrás salir de casa ni mirar televisión. No podrás escuchar música ni usar el teléfono, ya sea para recibir como para hacer llamadas. Te sentarás aquí hasta tanto finalizar con las tareas escolares. La decisión es tuya".

Siga manteniéndose firme con sus exigencias. Puede tomarle varios días en los que el niño se sentará sin hacer nada en su lugar de estudios, antes de que se dé cuenta que usted habla en serio. Esté preparado para que lo ponga a prueba poniéndose a llorar, enojándose o actuando con indiferencia. (Véase el Capítulo 8.)

3

Comuníquese con el maestro. Si lo desea, pídale que lo discipline un poco más en la escuela.

En el caso que el niño sea muy difícil, puede resultar útil recurrir al maestro para llegar a solucionar el problema de las tareas escolares. Pregúntele si puede ocuparse de seguir el tema en la escuela cuando el niño no finalice las tareas en el hogar. Así su hijo se dará cuenta de que la escuela está respaldando sus esfuerzos. (Véase el Capítulo 9.)

4

Bríndele elogios y apoyo entusiasta cada vez que el niño haga las tareas escolares.

Elogie al niño cada vez que haga las tareas: "Realmente estoy muy contento con la forma en que has estado cumpliendo con las tareas escolares. Eso es lo que espero de ti". (Véase el Capítulo 5.)

5

Proporciónele otros incentivos cuando los considere necesarios.

Una vez que el niño comience a hacer las tareas escolares en forma regular, puede resultar conveniente ofrecerle incentivos adicionales para mantenerlo por esta buena senda. Déle pequeños premios y otórguele derechos o permisos especiales para incentivarlo a continuar haciendo las tareas con responsabilidad. Podría usar juegos y otras actividades planificadas como medios para proporcionarle estos incentivos. (Véase el Capítulo 6.)

Tenga en cuenta lo siguiente:

Sus hijos deben aprender que las tareas escolares no constituyen un tema para pelearse. No tiene por qué haber una lucha para demostrar quién es más fuerte con respecto a las tareas escolares. Simplemente se tienen que hacer. Sus niños deben aprender que usted no tolerará que se cree ningún conflicto con respecto a este tema.

EL NIÑO NO TRAE LAS TAREAS ESCOLARES AL HOGAR

PROBLEMA No 3

A menudo algunos niños no llevan las tareas escolares asignadas a sus hogares. Se "olvidan" sus tareas, o bien se acuerdan de las tareas pero se "dejan" el libro de texto en sus armarios. Hasta pueden llegar a decir que hicieron el trabajo durante la hora de estudios o el período para almorzar, cuando en realidad solamente hicieron una parte de las tareas. Al día siguiente cuando llegan a clase, el maestro escuchará una serie de excusas distintas.

La solución paso a paso

Dígale claramente que usted espera que traiga al hogar todas las tareas asignadas.

Siéntese al lado de su niño y dígale con seguridad y firmeza que no va a tolerarle que se olvide de traer las tareas escolares. Dígale: "Esperamos que todos los días realices todas las tareas escolares que te hayan dado. Contamos con que las traerás a casa, no sólo todas las tareas que tengas que hacer sino también los libros que necesites para cumplir con ellas. Si terminas de hacer las tareas durante el tiempo libre que tengas en la escuela, queremos que las traigas a casa para verlas".

2

Esté en contacto con el maestro para asegurarse de saber qué es lo que le ha asignado al niño.

Ponerse en contacto con el maestro de su niño para hablar de las tareas constituye una buena idea. Insista en que el niño mantenga un registro de las tareas escolares y pida a los maestros que lo apoyen en este esfuerzo firmándolo todos los días. (Véase el Capítulo 9.)

Establezca el horario obligatorio para las tareas escolares.

Elimine el incentivo que su hijo pueda tener para "olvidarse" sus tareas en la escuela. Es muy factible que no va a dejarse las tareas en la escuela si sabe que va a tener que dedicar tiempo a alguna actividad académica aunque no lleve el trabajo asignado a su casa. (Véanse las páginas 28 y 29.)

Bríndele elogios y apoyo entusiasta cada vez que el niño traiga todas las tareas escolares al hogar.

Asegúrese de que el niño sepa que usted aprecia su comportamiento cada vez que traiga todas las tareas escolares al hogar. Elogie sus buenas intenciones y esfuerzos: "Me alegra mucho ver que te acuerdas de traer a casa todas tus tareas escolares. Yo sabía que eras capaz de hacerlo".

Proporciónele otros incentivos cuando los considere necesarios.

Si su hijo todavía no tiene la motivación suficiente para traer las tareas escolares al hogar, ofrézcale pequeños premios o privilegios especiales. Por ejemplo, cada vez que traiga todas las tareas a casa, adjudíquele un punto que contará para ganar un premio más adelante. (Véase el Capítulo 6.)

6

Si todo lo anterior no da resultado, aúne esfuerzos con el maestro para que todo comportamiento inadecuado tenga consecuencias más serias.

En el caso que los cinco pasos anteriores no sirvan para motivar al niño a traer las tareas escolares al hogar, comuníquese con el maestro. Trate con él la posibilidad de recurrir a consecuencias adicionales si el niño continúa olvidándose las tareas. Es posible que consienta en suspender el derecho del niño a tener recreos o poder jugar durante la hora del almuerzo, o bien exigirle que complete las tareas escolares después de hora. Con este apoyo de parte del maestro, el niño se dará cuenta de que deberá comportarse con responsabilidad tanto en el hogar como en la escuela, a raíz de los esfuerzos combinados de ambos. (Véase el Capítulo 9.)

Tenga en cuenta lo siguiente:

Los niños deben aprender a traer las tareas escolares al hogar y a hacerlas todas. No acepte ningún tipo de excusa.

EL NIÑO TARDA TODA LA NOCHE PARA CUMPLIR CON LAS TAREAS ESCOLARES

PROBLEMA No.

Algunos niños se toman toda la tarde para hacer las tareas escolares. Comienzan y dejan de hacerlas, además de distraerse con mucha facilidad. Exigen que los ayude durante toda la tarde. Es así que usted se pasa toda una tarde luchando y peléandose con los niños y termina sintiéndose tenso por ello.

La solución paso a paso

1

Dígale con claridad que usted cuenta con que haga todas las tareas escolares durante el horario para ello.

Siéntese al lado de su niño y dígale con seguridad y firmeza que no le permitirá que se tome toda la tarde para hacer las tareas escolares. Dígale: "Esperamos que termines de hacer las tareas durante el horario para ello. Debes dejar de tomarte toda la tarde para finalizar las tareas". (Véase el Capítulo 3.)

2

Asegúrese de que haga las tareas en el lugar de estudios adecuado.

Muchos de los niños que tardan demasiado para hacer las tareas escolares trabajan en un lugar en el que hay muchas distracciones. Asegúrese de que durante el horario para hacer las tareas escolares, su niño no pueda usar el televisión, el equipo estereofónico o alguna otra forma de distracción, como así también que sus hermanos o hermanas no lo molesten. Si tales motivos de distracción existen, cambie la ubicación del lugar de estudios. (Véase el Capítulo 2.)

3

Esté a disposición de su hijo para ayudarlo solamente durante el horario para hacer las tareas escolares.

Para eliminar las interrupciones constantes y los ruegos de ayuda, hágales saber que solamente los ayudará durante el horario para hacer las tareas escolares. Ni bien termine este horario, no estará más a disposición de ellos, sin importarle cuán difícil sea el problema que tengan. Su niño deberá aprender a que existen límites en el tiempo y la ayuda que usted puede brindarles.

4

Bríndele elogios y apoyo entusiasta cada vez que el niño haga las tareas escolares a tiempo.

Deje que su niño experimente su aprobación cada vez que termine con las tareas escolares durante el horario reservado para ello. Dígale enseguida: "¡Qué buen trabajo hiciste! Estoy verdaderamente contento de ver que has terminado de hacer todas las tareas a tiempo. ¡Me siento tan orgulloso de ti!" (Véase el Capítulo 5.)

5

Proporciónele otros incentivos cuando los considere necesarios.

Algunos niños necesitan incentivos adicionales que les ayuden a habituarse a hacer todas las tareas sin dejar nada para más tarde. Un buen incentivo para resolver este problema en particular es el juego "Ganarle al reloj". (Véase la página 58.)

Respalde sus palabras con hechos.

Si los cinco pasos anteriores no resultan para acostumbrar a su niño a que debe terminar las tareas escolares durante el horario destinado a ello, deberá ponerse firme en su posición. Dígale lo siguiente: "Puedes elegir entre hacer las tareas durante el horario fijado para ello o no gozar de ningún derecho a tener privilegios. Si decides no hacer las tareas escolares, entonces perderás todos tus derechos a hacer lo que te gusta a partir de la hora en que tengas que hacer las tareas hasta que las termines. No podrás salir de casa ni mirar televisión. No podrás escuchar música ni usar el teléfono, ya sea para recibir como para hacer llamadas. Te sentarás aquí hasta tanto finalizar con las tareas escolares. La decisión es tuya". (Véase el Capítulo 8.)

Tenga en cuenta lo siguiente:

Sus niños deben aprender a realizar las tareas escolares con responsabilidad, como así también que existen límites para la ayuda que pueden recibir de usted. Deben aprender a hacer las tareas de una forma eficiente y productiva y a tiempo.

EL NIÑO NO QUIERE HACER LAS TAREAS SOLO

PROBLEMA No. 5

Algunos niños no quieren hacer las tareas por su cuenta, aun cuando tienen la capacidad para hacerlo. Algunos de ellos insisten en que usted se siente al lado de ellos durante toda la tarde, mientras que otros están constantemente pidiéndole que los ayude.

La solución paso a paso

1

Dígale con claridad que usted espera que trabaje solo.

Siéntese al lado de su niño y dígale con seguridad y firmeza que desea que haga las tareas escolares solo. Dígale: "Esperamos que hagas tu trabajo escolar solito, sin nuestra ayuda. Nosotros no tenemos la responsabilidad de hacer los ejercicios ni de escribir tus informes. Ni vamos a sentarnos a trabajar contigo ni los haremos por ti. Tampoco estaremos a tu disposición para contestar preguntas cada cinco minutos".

2

Ayude al niño solamente después que haya intentando sinceramente solucionar el problema por su cuenta.

No acceda a los ruegos de su niño para que lo ayude, hasta tanto haya intentado, por lo menos dos veces, solucionar el problema por su cuenta o contestar la pregunta solo. Por supuesto que habrá circunstancias en las que haya algo que realmente sea muy difícil de comprender para el niño. Pero asegúrese de no intervenir hasta comprobar que el niño ha realizado un esfuerzo verdadero para trabajar solo. (Véase el Capítulo 4.)

Cuando un niño necesite ayuda, recurra al método de estímulos y consejos a fin de acostumbrarlo a tener confianza en sí mismo.

Cuando ayude a su niño, divida la tarea en pequeñas partes que usted sepa que él pueda manejar en forma acertada. Trabaje junto a él de una manera que lo ayude a confiar en su capacidad de hacer el trabajo. Asegúrese de alentarlo cada vez que dé un paso hacia su independencia. (Véanse las páginas 40 y 42.)

Bríndele elogios y apoyo entusiasta cada vez que el niño haga las tareas escolares solo.

Observe a su hijo mientras esté haciendo las tareas escolares, y cuando vea que está trabajando solito, hágale notar enseguida cuánto le agrada verlo trabajar así: "Me siento muy orgulloso de la forma en que estás haciendo tu trabajo por tu cuenta. Yo sabía que eras capaz de lograrlo". Sea constante con sus elogios.

Proporciónele otros incentivos cuando los considere necesarios.

Algunos niños necesitan recibir otros incentivos para seguir trabajando por su cuenta. El juego "Trueque" constituye un buen incentivo para solucionar este problema en particular. (Véase la página 61.)

Respalde sus palabras con hechos.

Si los cinco pasos anteriores no resultan para conseguir que su niño trabaje por su cuenta, es hora de empezar a ponerse más exigente. Asegúrese de que su niño se dé cuenta de que no lo ayudará y de que tiene que sentarse en su lugar de estudios hasta tanto finalizar las tareas escolares, aun cuando eso implique tener que quedarse allí durante toda la tarde. Esté listo que su niño recurra a los enojos, las lágrimas o la indiferencia para tratar de convencerlo para que se eche atrás en sus exigencias. Hágale notar que sin lugar a dudas dichas tácticas no funcionarán. Tendrá que hacer las tareas solitos lo mismo y se atendrá a las consecuencias hasta tanto aprenda a hacerlo. (Véase el Capítulo 8.)

Tenga en cuenta lo siguiente:

Los niños deben aprender a hacer las tareas escolares solos. Contar siempre con su ayuda solamente los conducirá a una mayor dependencia. Deben desarrollar esa confianza en sí mismos que les permitirá encarar y resolver las tareas escolares por su cuenta.

EL NIÑO ESPERA HASTA EL ULTIMO MOMENTO PARA FINALIZAR LAS TAREAS ESCOLARES

PROBLEMA No. 6

Algunos niños se dejan estar para empezar a trabajar en proyectos a largo plazo hasta justo antes de que tengan que entregarlos. Es en ese momento que comienzan a desesperarse y a exigir su ayuda para cumplir con una monografía o un análisis de un libro. Esta conducta pone en vilo a toda la familia.

La solución paso a paso

1

Exprese con claridad que usted cuenta con que planifiquen y hagan los proyectos a largo plazo con responsabilidad.

Siéntese al lado de su niño y dígale con seguridad y firmeza que no permitirá que posponga los proyectos a largo plazo hasta el día en que tenga que entregarlos. Dígale lo siguiente: "Esperamos que hagas un plan para trabajar en tus análisis literarios (monografías, etc.) con responsabilidad. Debemos terminar con este asunto de esperar hasta último momento".

2

Use el Plan a largo plazo.

Lea las páginas 134 y 135 del Capítulo 11. Cada vez que su niño tenga que hacer una tarea a largo plazo, ayúdelo a usar el Plan a largo plazo para planificarla. Insista en que le diga cada vez que reciba una tarea de ese tipo el mismo día que se la asignen. Siéntese con su niño y decidan juntos para cuándo tienen que planificar la finalización de cada una de las etapas del proyecto.

3

Controle a su niño para asegurarse de que termine oportunamente cada uno de los pasos del proyecto.

Contrólelo todos los días para cerciorarse de que esté avanzando y que cumpla con cada paso de acuerdo con el plan.

4

Bríndele elogios y apoyo entusiasta cada vez que el niño cumpla con alguno de los pasos del plan.

Cada vez que el niño complete un paso del plan a largo plazo, hágale notar su aprobación: "Me parece muy bien que hayas elegido tan rápido el libro que analizarás". "Realmente estoy encantado con la forma en que terminaste de leer el libro antes de la fecha programada para hacerlo. ¡Sigue siendo tan aplicado!"

5

Proporciónele otros incentivos cuando los considere necesarios.

Algunos niños pueden necesitar recibir incentivos adicionales para sentirse motivados a completar planes a largo plazo como corresponde. Es probable que le resulte útil establecer un sistema que le permita al niño obtener un punto para ganar un premio más tarde o recibir un derecho especial cada vez que finalice una etapa del proyecto, siguiendo los plazos programados.

Respalde sus palabras con hechos.

Si los cinco pasos anteriores no dan resultado para motivar al niño a cumplir con un plan a largo plazo con responsabilidad, habrá llegado el momento de imponer restricciones. Si el niño no lee para la fecha planeada el libro elegido para un análisis literario, suspéndale alguna de las actividades que le gustan (por ejemplo, jugar afuera, mirar televisión, etc.) hasta tanto haya leído el libro. A menos que usted establezca los límites, el niño no se dará cuenta de que está hablando en serio. (Véase el Capítulo 8.)

Tenga en cuenta lo siguiente:

Los niños deben aprender a distribuir bien el tiempo que disponen para realizar proyectos a largo plazo. Se trata de una habilidad que tienen que desarrollar para ser capaces de encargarse de trabajos más largos y complejos cuando sean grandes.

EL NIÑO NO HACE LAS TAREAS ESCOLARES SI USTED NO SE ENCUENTRA EN LA CASA

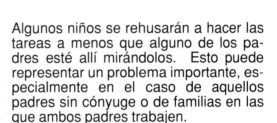

PROBLEMA No.

Algunos niños se rehusarán a hacer las tareas a menos que alguno de los padres esté allí mirándolos. Esto puede representar un problema importante, especialmente en el caso de aquellos padres sin cónyuge o de familias en las que ambos padres trabajen.

La solución paso a paso

1

Dígale claramente que usted espera que haga las tareas aunque usted no esté en la casa.

Siéntese con su niño y dígale con seguridad y firmeza lo que desea y que no tolerará ningún tipo de conducta irresponsable. Dígale lo siguiente:
"Esperamos que hagas tus tareas escolares todas las noches, ya sea cuando estemos nosotros en casa o no".

2

Asegúrese de que la persona encargada de cuidar al niño esté enterada de la existencia de un horario para las tareas escolares.

Si su hijo queda al cuidado de una niñera, un pariente, un vecino o cualquier otro adulto durante su ausencia, asegúrese de que esta persona sepa dónde el niño tiene que hacer las tareas escolares (en su lugar de estudios), cuándo las debe hacer (durante el horario para las tareas escolares, el que deberá estar colocado a la vista) y cómo deberá hacerlas (por su cuenta). El grado de participación de la persona encargada

de cuidarlo dependerá de la edad del niño. Sería conveniente que se reúna con
su niño y la persona que lo cuidará para
comunicarles que usted cuenta con que
las tareas escolares se hagan del mismo
modo que si usted estuviera presente.

3

**Controle a sus
hijos cuando esté
fuera de su casa
para asegurarse
de que cumplan
con las tareas.**

A pesar de que haya alguien cuidando a
su hijo, es conveniente que lo controle para asegurarse de que esté haciendo las
tareas escolares con responsabilidad.
Llame por teléfono cuando haya comenzado el horario para las tareas escolares
a fin de cerciorarse de que esté haciéndolas. Vuelva a llamar, si es posible, al
finalizar ese horario con el objeto de estar
seguro que las ha terminado. Pídale que
deje las tareas a mano para que usted las
vea cuando regrese a la casa. Cuando el
niño dé muestras de que está haciendo
sus tareas, puede comenzar a eliminar
gradualmente este tipo de control.

4

**Bríndele elogios
y apoyo
entusiasta.**

Alabe a su hijo cada vez que haga las tareas escolares cuando usted esté
ausente. Cuando llame al comienzo del
horario para las tareas escolares y se entere de que ha empezado a trabajar a
horario, dígale: "Me encanta ver que co-
menzaste a trabajar a horario, aun
cuando yo no te pueda ver". Cuando llegue a la casa y encuentre que ha
finalizado sus tareas, dígale lo contento
que se siente: "¡Bravo! Estás trabajando
tan bien en tus tareas escolares cuando
yo no estoy. ¡Sigue así tan aplicado!"

5

Proporciónele otros incentivos cuando los considere necesarios.

Es posible que tenga que recurrir a brindarle al niño incentivos adicionales para lograr que haga las tareas escolares cuando usted no esté en la casa. (Una buena idea podría ser usar el Contrato para hacer las tareas escolares (página 158) mediante el cual obtendrá un punto para ganar un premio más adelante, cada vez que haga las tareas en su ausencia). Los incentivos especiales pueden ser necesarios al principio, para poder acostumbrar al niño a hacer las tareas sin contar con su supervisión.

6

Respalde sus palabras con hechos.

Si los cinco pasos anteriores no resultan para acostumbrar a su niño a hacer las tareas escolares en su ausencia, deberá ponerse firme en su posición. Dígale que deberá sentarse en su lugar de estudios hasta terminar las tareas, sin importarle que usted esté en la casa o no. Dígale lo siguiente: "Puedes elegir entre hacer las tareas durante el horario fijado para ello o no gozar de ningún derecho a tener privilegios. Si decides no hacer las tareas escolares, entonces perderás todos tus derechos a hacer lo que te gusta a partir de la hora en que tengas que hacer las tareas hasta que las termines. No podrás salir de casa ni mirar televisión. No podrás escuchar música ni usar el teléfono, ya sea para recibir como para hacer llamadas. Te sentarás aquí hasta tanto finalizar con las tareas escolares. La decisión es tuya".

¡Y no se eche atrás! Es probable que sea necesario llamar por teléfono varias veces para controlarlo o insistirle a la persona que lo cuide que le haga cumplir las reglas.

Si no hay ninguna persona cuidándolo, es posible que tenga que establecer medidas disciplinarias cuando regrese a la casa. Apague el televisor, sáquelo del teléfono y hágalo volver a trabajar en sus tareas. Tendrá que hacerlo terminar las tareas durante el fin de semana si no queda tiempo para que las haga en otro momento. Si el niño ve que todas sus actividades para el fin de semana quedan suspendidas hasta tanto haga las tareas escolares, estará más dispuesto a ser más responsable la próxima vez.

Tenga en cuenta lo siguiente:

No importa si usted está en casa o no, sus hijos deben aprender a ser responsables de cumplir con las tareas escolares. Deben aprender que no se les permitirá que se comporten de un modo irresponsable con respecto a las tareas escolares

Asegúrese de consultar los siete problemas más comunes de las tareas escolares, cada vez que sus hijos tengan dificultades para cumplir como corresponde con las tareas asignadas. Al identificar enseguida el problema específico y seguir los pasos indicados para resolverlo, conseguirá que sus hijos vuelvan a trabajar bien y les ayudará a solucionar los problemas para que no se conviertan en dificultades mayores.

Lista de control de Tareas escolares sin lágrimas

☐ ¿Ya preparó un lugar de estudios adecuado en su casa?

☐ ¿Ya estableció un horario diario para hacer las tareas?

☐ ¿Ya comenzó a proporcionar estímulos y consejos a sus niños para que hagan solos las tareas?

☐ ¿Elogió en forma constante los esfuerzos que realizan sus hijos?

☐ ¿Recurrió al uso de otros incentivos que fueron necesarios?

☐ ¿Consiguió comunicarse con los niños como para que realmente lo escuchen?

☐ ¿Asumió una postura firme?

☐ ¿Se puso en contacto con el maestro de sus niños cuando fue necesario?

☐ ¿Consultó los siete problemas más comunes de las tareas escolares?

COMO AYUDAR A SUS NIÑOS A ESTUDIAR DE UNA FORMA ACERTADA

Capítulo 11

Cómo ayudar a sus niños a estudiar de una forma acertada

Con *Tareas escolares sin lágrimas* aprendió que lograr que los niños hagan las tareas escolares con responsabilidad implica un poco más que el mero hecho de desear que ocurra. Sus hijos necesitan contar con un lugar de estudios adecuado, un horario determinado para hacer las tareas, aliento, consejos y motivación constantes y, sobre todas las cosas, su firme cometido en cuanto a que las tareas escolares constituyen una actividad prioritaria en su hogar.

Asimismo, hay algo más que usted podría hacer para ayudar a los niños a trabajar poniendo en juego toda su capacidad. Puede alentarlos a desarrollar pautas para estudiar.

Tal como lo mencionamos en el Capítulo 1, las pautas para estudiar son técnicas que les permiten a los alumnos aprender de una manera más eficaz. Saber *cómo* estudiar constituye el elemento primordial de todo aprendizaje acertado. Aquellos alumnos que saben cómo estudiar distribuyen su tiempo como para aprovecharlo mejor. Consiguen obtener la máxima rentabilidad de esta inversión académica. Pero saber estudiar bien no es una habilidad innata sino adquirida. En la escuela le enseñarán a sus hijos algunas de estas pautas para aprender a estudiar. Usted puede reforzar esta enseñanza inicial alentándolos a usarlas plenamente. En este capítulo de *Tareas escolares sin lágrimas* se ofrece un conjunto de pautas para aprender a estudiar que colaborarán a que sus hijos hagan las tareas escolares, tanto en el hogar como en la escuela, con mucha más eficacia.

Pautas para aprender a estudiar

CONSEJOS PARA APRENDER A LEER BIEN

Aquellos niños que sepan leer bien estarán en buenas condiciones de tener éxito en todas las otras áreas de estudio. En su carácter de padre, tiene muchas posibilidades para ayudar a los niños a adquirir esta habilidad de leer bien. No se espera que usted les enseñe a leer, sino que usted les pueda brindar un ambiente en el que la lectura sea una actividad apreciada y compartida.

Tenga presente que una de las cosas más importantes que usted puede hacer para alentar al niño a leer es mostrarle que usted es un ávido lector. Cuando los niños crecen viendo a sus padres disfrutar de la lectura, naturalmente se sentirán curiosos al respecto. Por lo tanto, el material de lectura tiene que estar tan presente en su hogar como la televisión o el equipo estereofónico.

La siguiente lista de sugerencias está destinada a mejorar ese "ambiente de lectura" que existe en su hogar.

Léales a sus hijos.

Una de las mejores formas de fomentarles el hábito de la lectura es leyéndoles. Comience a hacerlo cuando sean muy pequeños y siga haciéndolo por todo el tiempo que quieran escucharlo.

Escuche a los niños leer en voz alta.

A los niños les encanta leer en voz alta a sus padres. Los hace sentirse orgullosos y mejora su habilidad de leer. (Leer en voz alta les brinda la oportunidad de prestar especial atención a los signos de puntuación y a la modulación de la voz.) Tenga cuidado de no mostrarse demasiado crítico cuando sus hijos lean en voz alta. Recuerde que el propósito es que se convierta en una actividad agradable.

Vaya regularmente a la biblioteca con sus hijos.

Familiarícese con la sección de libros infantiles de su biblioteca local. Por lo general cuenta con lindísimos libros para todos los niveles de lectura infantil. La bibliotecaria puede ayudarlos a usted y a sus niños a elegir los que sean más adecuados. Asimismo, las bibliotecas a menudo patrocinan clubes de lectura infantil y sesiones en las que se leen cuentos. Saque provecho de estos programas.

Ayude a los niños a obtener sus propios carnets para usar la biblioteca.

"Ser dueño" de un carnet para usar la biblioteca ayuda a los niños a desarrollar su sentido de responsabilidad y a sentirse orgullosos. Haga hincapié en el hecho de que cuando firmen para sacar un libro, se estarán comprometiendo a acatar los reglamentos de la biblioteca y a cuidar los libros que estén sacando de la misma.

Ayude a los niños a formar una biblioteca privada.

Pocas cosas pueden resultar más gratificantes para los niños que el hecho de contar con una colección de libros muy queridos. (A menudo guardarán estos libros durante toda la vida, para el placer de futuras generaciones.) Los libros no tienen que ser caros. Algunos lugares para conseguir libros son:

- Ferias escolares del libro
- Liquidaciones de libros en la biblioteca (libros viejos y usados)
- Ventas de libros usados
- Clubes del libro

Regale a sus hijos suscripciones a alguna revista.

Existen muchas revistas excelentes que se publican especialmente para niños. (Consulte la selección de revistas en la sección infantil de la biblioteca.) Muchas de estas revistas tratan sobre temas de interés específicos, por lo tanto podrá encontrar alguna que sea de especial interés para sus niños: artesanía, computación, juegos, literatura, historia, modas, etc.

Aliente a sus niños para que escriban sus propios cuentos.

A muchos niños que les gusta leer (o escuchar la lectura de cuentos), también les gusta escribir e ilustrar sus propios cuentos. Si sus hijos son pequeños, pídales que le dicten los cuentos. Usted puede escribir el cuento del niño, una o dos oraciones por página, para luego engramparlas y dárselas al niño para que dibuje las ilustraciones. Seguro que el producto final se convierte en uno de los cuentos favoritos para "leer juntos". Brinde estímulos a los niños mayores para que escriban, suministrándoles los materiales (plumas, lápices, papel rayado y liso, marcadores, etc.) y sobre todo, leyendo y apreciando los resultados.

Apague la televisión y lean juntos.

Para algunas familias la "hora de lectura" representa una forma tranquila y agradable de terminar el día. El valor que usted le da a la lectura está respaldado por el hecho que usted lee junto con sus niños. Además, brinda una buena oportunidad para que los niños compartan sus pensamientos e ideas sobre los libros que estén leyendo en ese momento.

LECTURA INTENSIVA

La habilidad de poder comprender bien lo que se lee constituye la base para lograr tener éxito en todas las otras áreas de estudio. Usted puede ayudar a sus niños a adquirir esta habilidad mediante esta técnica que llamamos Lectura intensiva, la cual colaborará para que sus niños se conviertan en buenos lectores al mejorar su capacidad para comprender lo que leen y escuchan. Una sesión de Lectura intensiva sólo toma quince minutos.

A continuación le explicamos cómo hacerlo:

1.   Léale al niño.

Lea al niño en voz alta durante cinco minutos. (Asegúrese de que el libro que elija corresponda al nivel de lectura que tiene su hijo.) Pronuncie bien y con claridad las palabras y haga todas las pausas que correspondan a los puntos y las comas.

2.   Haga leer al niño y escúchelo.

Pídale al niño que siga leyendo el mismo libro en voz alta. (Deberá retomar la lectura a partir de donde usted dejó de leer.) Recuerde a su niño que debe leer despacio para entender lo que está diciendo. (Esta es la razón por la que es tan importante que le lea en voz alta, ya que le muestra cómo hacerlo.) Tenga la precaución de no interrumpir y corregir al niño mientras esté leyendo. Si se traba con alguna palabra, tome nota de ello y hágaselo notar más tarde.

3.   Hágale preguntas sobre lo que leyó.

Verifique lo que su niño escuchó y leyó haciéndole preguntas generales sobre el material que *usted* leyó en voz alta y sobre lo que *él* leyó. Analicen las respuestas y compartan ideas.

Trate de tener una de estas sesiones de Lectura intensiva lo más seguido posible. Representa una manera excelente de mejorar la lectura *y* una forma excelente de demostrar la importancia que usted le da a la lectura. Muchas familias piensan que la Lectura intensiva es una forma entretenida de leer juntos con cierta regularidad. Comience con un libro que le interese mucho a su hijo y siga usando este libro durante las sesiones de Lectura intensiva hasta finalizarlo. El niño se sentirá más motivado a participar en una de estas reuniones cuando esté ansioso por "saber qué va a pasar después".

CONSEJOS PARA PREPARARSE PARA LAS PRUEBAS DE ORTOGRAFIA

La mayoría de los niños tienen pruebas de ortografía semanales durante toda la escuela primaria. Por lo general, les dan las tareas de ortografía los días lunes, pero casi siempre los niños no comienzan a estudiar hasta la noche anterior al día de la prueba. A continuación, le ofrecemos algunas técnicas fáciles para ayudar a los niños a estudiar acertadamente durante toda la semana para las pruebas de ortografía.

Lunes

Haga fichas de ortografía. Pídale a su hijo que escriba cada una de las palabras en una ficha de 3" x 5".

Martes

Siéntese junto a su hijo y practiquen el deletreo de las palabras. Use cada una de las fichas, siguiendo este orden:

1. El niño mira minuciosamente la palabra.

2. El niño dice la palabra.

3. El niño usa la palabra en una oración.

4. El niño deletrea la palabra en voz alta mientras mira la ficha.

Miércoles

Siga el siguiente orden usando cada una de las fichas:

1. El niño mira la palabra.

2. El niño dice la palabra.

3. Después de que el niño haya dicho la palabra, pídale que dé vuelta la ficha y deletree la palabra en voz alta.

4. Después de deletrear la palabra en voz alta, pídale al niño que vuelva a mirar la ficha y se fije si la deletreó bien.

5. Coloque las fichas de aquellas palabras mal deletreadas en una pila separada.

Pídale al niño que escriba las palabras mal deletreadas varias veces en una hoja de papel.

Jueves

Tómele una prueba a su niño para practicar. Siga los siguientes pasos:

1. Déle al niño una hoja de papel rayado.

2. Díctele cada una de las palabras y déle tiempo suficiente para que las escriba.

3. Cuando termine con la prueba, pídale al niño que controle la ortografía de las palabras usando las fichas.

4. Coloque las fichas de aquellas palabras mal escritas en una pila separada. Pídale al niño que escriba cada una de estas palabras varias veces en una hoja separada.

Otra buena idea: si su niño tiene un grabador, hágale dictar las palabras en voz alta. Luego, puede volver a escuchar la cinta grabada y hacer la prueba solo.

Nota: ¡Nunca descarte las fichas de ortografía! Pídale a sus hijos que guarden las fichas de todas las semanas en una caja denominada "Palabras para deletrear". Téngalas a mano para estudiarlas cuando tengan pruebas generales de ortografía.

COMO AYUDARLES A HACER PLANES A LARGO PLAZO

Además de las tareas escolares diarias, sus hijos tienen que hacer tareas a largo plazo tales como análisis literarios, monografías y estudiar para las pruebas. A veces, estas tareas a largo plazo resultan muy abrumadoras porque los niños no saben cómo organizar su tiempo para poder hacer el trabajo. La mayoría de los niños dejan gran parte del trabajo para hacerlo a último momento.

Un Plan a largo plazo puede ayudarles a los niños a terminar los proyectos largos a tiempo y con éxito. Con este plan a largo plazo, sus niños aprenderán a dividir el proyecto monstruoso en partecitas que sean fáciles de manejar. Aprenderán a distribuir la tarea durante el período que tienen asignado para el proyecto y cómo hacerla oportunamente. Copie el Plan a largo plazo que figura en la página 161 del Apéndice. Guarde estas copias a mano para usarlas toda vez que los niños traigan al hogar uno de estos proyectos largos.

Nota: Es probable que el maestro de su niño establezca fechas de entrega para los distintos pasos de un proyecto a largo plazo. Usted puede usar estas fechas en el Plan a largo plazo que se incluye en este libro, o bien usar el formulario que el maestro pueda proporcionarle. De cualquier modo, el objetivo es siempre el mismo: ayudar al niño a terminar a tiempo los proyectos a largo plazo.

Cómo usar el Plan a largo plazo

Cuando su hijo traiga a casa un proyecto a largo plazo, siéntese con él y ayúdele a determinar cuáles serán los pasos a seguir para cumplir con el proyecto. Una vez que hayan dividido la tarea en porciones más fáciles de manejar, trabajen juntos para establecer los plazos dentro de los que deberá terminar cada etapa. Anote los pasos y las fechas de terminación en el Plan a largo plazo. (El ejemplo de la página siguiente muestra el plan correspondiente a un informe final.) Si se cumplen las metas y los plazos, no habrá motivos para desesperarse a último momento cuando haya que entregar el trabajo.

Algunas veces resultará conveniente dividir cada paso en partes más pequeñas. Por ejemplo, si el libro que hay que analizar consiste en 200 páginas y el niño cuenta con 17 días para leerlo, ayúdele a planificar la lectura de un mínimo de 12 páginas por día.

Nota: El grado de participación que usted tenga en la planificación de proyectos a largo plazo dependerá de la edad de los niños y cómo sepan trabajar en forma independiente. A medida que sus niños se familiaricen mejor con el Plan a largo plazo, aliéntelos para que planifiquen los pasos de sus proyectos por su cuenta.

PLAN A LARGO PLAZO

NOMBRE _____ FECHA 28 de enero
MATERIA Informe final_ FECHA DE ENTREGA 6 de marzo

PASO **1** Elegir el tema del informe _____ PLAZO 2 de febrero

PASO **2** Encontrar información _____ PLAZO 11 de febrero

PASO **3** Decidir qué preguntas se _____ PLAZO 15 de febrero
contestarán en el informe

PASO **4** Tomar apuntes sobre el tema _____ PLAZO 22 de febrero

PASO **5** Escribir un borrador _____ PLAZO 29 de febrero

PASO **6** Escribir la copia final _____ PLAZO 6 de marzo

PASO **7** _____ PLAZO _____

PASO **8** _____ PLAZO _____

COMO AYUDARLES A ESCRIBIR INFORMES

Cuando llegan al cuarto grado, la mayoría de los niños tienen que escribir informes con cierta regularidad. A menudo a los niños les resulta difícil hacer estos informes de una manera organizada. A continuación le brindamos algunos consejos que le ayudarán a alentar al niño para que haga lo mejor que pueda.

CONSEJO N0. 1: Use el Plan a largo plazo.

Tal como se indicó en la sección anterior, la planificación constituye un elemento primordial para lograr cumplir a tiempo con la presentación de un informe escrito. Si su niño espera hasta último momento para hacer un análisis literario o un monografía, es poco factible que vaya a hacer el trabajo lo mejor que pueda. Va a estar muy apurado y presionado en tiempo. Use el Plan a largo plazo para asegurarse de que el proyecto se haga en una forma consciente y organizada.

CONSEJO No. 2: Use la Lista de control del informe escrito.

Antes de que su niño escriba el informe correspondiente, asegúrese de que llene la Lista de control del informe escrito. (Haga copias de la lista de control que figura en la página 162 del Apéndice). Al contestar las preguntas antes de comenzar a escribir, su niño evitará cometer muchos errores innecesarios y trabajo repetido.

LISTA DE CONTROL DEL INFORME ESCRITO

NOMBRE ——————————————

CLASE ——————————————

TEMA DEL INFORME ——————————

PLAZO PARA ENTREGAR EL INFORME ————

1 ¿Cómo tiene que ser de largo el informe?
  ¿Cuántos párrafos —— o páginas —— tengo que escribir?

2 ¿Debo escribir el informe a mano o a máquina?
  A máquina ☐ Pluma ☐ Lápiz ☐ Otro ☐

3 ¿Debo escribirlo a espacio simple o doble?
  Espacio simple ☐ Espacio doble ☐

4 ¿Debo escribirlo a mano o a máquina de los dos lados de la hoja o uno solo?
  Un lado ☐ Ambos lados ☐

5 ¿Dónde debo colocar los números de las páginas?
  Arriba ☐ Izquierda ☐ Centro ☐ Derecha ☐
  Abajo ☐ Izquierda ☐ Centro ☐ Derecha ☐

6 ¿Dónde debe colocar el encabezado de cada página?
  Arriba ☐ Abajo ☐

7 ¿Debo poner el informe en una carpeta?
  Sí ☐ No ☐

8 ¿Debo agregarle fotos o ilustraciones?
  Fotos ☐ Ilustraciones ☐ Otros ——

CONSEJO No. 3: Use las Listas de control para revisar y corregir.

La revisión y corrección del trabajo representa un paso importante para el cumplimiento de cualquier tarea escrita. Puede ayudarle a su niño a adquirir la habilidad de revisar y corregir, proporcionándole la Lista de control para revisar y corregir (véanse las páginas 163 a 165 del Apéndice). Haga suficientes copias de la lista de control como para tener siempre alguna en el Equipo de supervivencia de las tareas escolares. Asegúrese de usar la lista de control que corresponda al grado de su niño.

Para usar las Listas de control para revisar y corregir, siga las siguientes pautas:

1º a 3º grado Su niño necesitará ayuda para poder usar la Lista de control.

Siéntese con el niño junto con la tarea escrita y la Lista de control. Lea en voz alta cada uno de los rubros que figuran en la lista de control. Pídale al niño que conteste "sí" o "no" a cada uno.

Vaya despacio. Permítale al niño tener tiempo suficiente como para controlar minuciosamente.

Si su niño contesta "no" a alguna de las preguntas, pídale que corrija el trabajo y vuelva a controlarlo.

4º a 6º grado Cuando la use por primera vez, lea toda la Lista de control con su hijo para asegurarse de que entiende cada una de las preguntas de la misma.

Aliente a su niño a que use la Lista de control por su cuenta y que haga todas correcciones necesarias a su tarea escrita.

Luego, aconséjele al niño que use la Lista de control cada vez que termina de hacer le borrador de una tarea escrita.

Hasta tanto su hijo se sienta más cómodo con este proceso de revisar y corregir, revise usted la Lista de control y las correcciones subsiguientes que el niño haya hecho.

Asegúrese de que el niño tenga varias Listas de control a mano en su Equipo de supervivencia de las tareas escolares.

7º a 12º grado Déle a su hijo una provisión de Listas de control para revisar y corregir para que las guarde junto con su Equipo de supervivencia de las tareas escolares. El niño ya estará en condiciones de usar la lista de control por su cuenta. Ayúdelo si es necesario. Asegúrese de que comprenda y recuerde que cada uno de los borradores del trabajo tiene que ser revisado y corregido.

PASOS PARA ESCRIBIR UN INFORME FINAL

Los informes finales ponen realmente a prueba la habilidad del niño para organizarse y distribuir su tiempo. Los pasos para escribir un informe final que proporciona *Tareas escolares sin lágrimas* ayudarán al niño a encarar el trabajo de un modo ordenado y global.

1º paso   Elegir un tema adecuado.

2º paso   Buscar información sobre el tema.

3º paso   Decidir qué preguntas se van a contestar sobre el tema.

4º paso   Tomar apuntes sobre el tema.

5º paso   Escribir una síntesis del informe.

6º paso   Escribir un borrador del informe. Verificar y corregir según sea necesario.

7º paso   Escribir el informe final.

Antes de comenzar a trabajar:

Déle a su niño una copia del Plan a largo plazo (página 161 del Apéndice). Asegúrese de que llene cada uno de los pasos detallados para escribir el informe final, además de los plazos para terminarlos. Si usa este Plan a largo plazo, se asegurará de que el informe final esté terminado a tiempo y se haga de una manera organizada.

Déle a su hijo una copia de la Lista de control del informe escrito (página 162 del Apéndice). Al completar esta lista de control, su niño estará seguro de que el informe está organizado según las instrucciones.

1º paso   Elegir un tema adecuado.

Aconséjele al niño que elija un tema que realmente le interese. Cuanto más se sienta intrigado por un tema, más motivado estará para trabajar en el informe. Asegúrese de que el tema tenga un alcance manejable. Por ejemplo, el "clima" es un tema muy amplio, pero se puede hacer un informe sobre las "grandes tormentas", o bien sobre los "huracanes".

2º paso   Buscar información sobre el tema.

Después de que le niño haya elegido el tema, es necesario empezar a investigarlo.

Deberá comenzar con los libros de información general, es decir diccionarios, atlas o enciclopedias, para obtener una idea general de la información que existe sobre el tema.

Después de recolectar la información general sobre el tema, su niño tendrá que compilar los datos más específicos. Entonces tendrá que buscar libros que traten específicamente del tema, por ejemplo libros sobre huracanes. Esta etapa de investigación también puede incluir el uso de artículos de periódicos y revistas sobre el tema.

3º paso   Decidir qué preguntas se van a contestar sobre el tema.

A medida que el niño comience a investigar los datos para el informe, será necesario que decida qué preguntas quiere contestar en el mismo. ¿Qué es lo que quiere aprende acerca del tema? Por ejemplo, éstas son algunas de las preguntas sobre huracanes que pueden interesar a un niño :

¿Qué es un huracán?

¿Cómo se producen los huracanes?

¿Dónde hay huracanes?

¿Se pueden pronosticar los huracanes?

¿Son destructivos los huracanes?

4º paso Tomar apuntes sobre el tema.

Investigar implica indagar la información que existe sobre un tema. Y para ello su hijo deberá tomar apuntes de manera tal que pueda contar con esa información para usarla después. La mejor forma de tomar apuntes consiste en usar fichas de 3" x 5".

Indíquele a su hijo que cada vez que encuentre alguna información que necesite, deberá anotarla en una de las fichas. Además, deberá anotar el nombre de la fuente de información (es decir, el nombre del libro y el número de la página), de manera tal que pueda volver a consultarlo si necesita más información.

Además de llenar las fichas, su hijo puede llenar una tabla con toda la información que ha juntado en relación con las preguntas. (Véase la página 166 del Apéndice para obtener la Tabla de información para el informe escrito.) En la parte superior de la tabla el niño deberá anotar las preguntas que desea contestar. A la izquierda de la misma, pídale que anote las fuentes de información. Luego, indíquele que anote brevemente la información de cada referencia que encuentre. En la parte inferior de la página, podrá anotar las conclusiones que encontró en relación con las preguntas. Haga copias de esta tabla y téngalas a mano para que su niño las use.

TABLA DE INFORMACION PARA EL INFORME ESCRITO

	PREGUNTA 1 ¿Qué es un huracán?	PREGUNTA 2	PREGUNTA 3
FUENTE Enciclopedia	Un ciclón tropical con vientos de más de 74 mph.		
FUENTE "Huracanes" de J. Brady	Una zona de baja presión acompañada por lluvias muy fuertes.		
FUENTE "Tormentas tropicales" de G. Smith	Los huracanes por lo general cubren una zona de 220 a 440 millas de diámetro.		
	CONCLUSION 1 Un huracán es un ciclón tropical con vientos, que viene acompañado por lluvias muy fuertes y cubre una zona de 220 a 440 millas de diámetro.	CONCLUSION 2	CONCLUSION 3

5º paso   Escribir una síntesis del informe.

Una síntesis constituye una guía para escribir el informe. La misma deberá escribirse de manera tal que el tema resulte claro para toda aquella persona que lea el informe.

6º paso   Escribir un borrador del informe. Verificar y corregir según sea necesario.

Pídale al niño que use una Lista de control para revisar y corregir a fin de asegurarse de que su trabajo esté bien hecho. (Véanse las páginas 163 a 165 del Apéndice para obtener estas listas de control.) Efectúe las correcciones que sean necesarias.

7º paso   Escribir el informe final.

Pídale al niño que use la Lista de control del informe escrito que llenó al principio para cerciorarse de que su trabajo esté organizado según las instrucciones. Luego, deberá usar la Lista de control correspondiente (páginas 163 a 165 del Apéndice) para revisar el informe por última vez.

COMO AYUDAR A SUS HIJOS A ESTUDIAR PARA LAS PRUEBAS

PRIMERA PARTE: QUE DEBE HACER ANTES DE QUE EL NIÑO COMIENCE A ESTUDIAR PARA UNA PRUEBA

1º paso Determinar qué abarcará la prueba.

Su hijo tiene que saber exactamente qué temas abarcará la prueba: los capítulos del libro de texto, los apuntes de clase, las tareas escolares, etc. Haga copias de la Hoja de estudio para la prueba que figura en la página 167 del Apéndice. Tenga estas copias a mano para usarlas cuando el niño sepa que va a tener una prueba pronto. Dígale a su hijo que llene toda la información de la hoja apenas sepa que va a tener una prueba.

2º paso Organizar todo el material de estudio.

Su hijo estudiará más eficazmente si ha organizado todo el material que corresponde a la prueba. Asegúrese de que ha completado toda tarea que no hubiera hecho y que cuente con toda la información sobre los temas dados en aquellos días en que estuvo ausente.

Su hijo deberá usar la Hoja de estudio para la prueba con el objeto de organizar todos los materiales necesarios.

HOJA DE ESTUDIO PARA LA PRUEBA

NOMBRE _____

TEMA DE LA PRUEBA _____

DIA DE LA PRUEBA _____

1. En las siguientes líneas, detalla todo el material que necesitas para estudiar para la prueba.

2. Marca todos los casilleros de la columna Ya estudiado cuando sepas bien el tema

MATERIAL PARA ESTUDIAR

YA ESTUDIADO

CAPITULOS DEL LIBRO DE TEXTO _____ ☐

APUNTES DE CLASE: De (fecha) _____ ☐

TAREAS ESCOLARES _____ ☐

PRUEBAS ANTERIORES _____ ☐

OTROS _____ ☐

3º paso Programar el tiempo para estudiar.

Será necesario que el niño organice su tiempo de estudio para asegurarse de contar con el tiempo suficiente para preparar la prueba. Haga copias del Plan de estudio para la prueba que figura en la página 168 del Apéndice. El Plan de estudio le permitirá al niño separar el tiempo necesario para estudiar y llevar la cuenta de los avances que está haciendo a medida que se aproxima la fecha de la prueba.

PLAN DE ESTUDIO PARA LA PRUEBA

NOMBRE _____
TEMAS DE LA PRUEBA _____ FECHA DE LA PRUEBA _____
MATERIAL PARA ESTUDIAR
CAPITULOS DEL LIBRO DE TEXTO _____
APUNTES DE CLASE: DE (fecha) _____
TAREAS ESCOLARES: DE (fecha) _____
PRUEBAS ANTERIORES _____
OTROS _____

DIAS HASTA LA PRUEBA — MATERIAL PARA ESTUDIAR

10 _____
9 _____
8 _____
7 _____
6 _____
5 _____
4 _____
3 _____
2 _____
1 _____

4º paso   Usar técnicas de estudio que sean eficaces.

Las siguientes técnicas de estudio pueden ayudarle a su hijo a estudiar mejor:

Escribir toda la información importante en las fichas índices.

Tenga una buena provisión de fichas de 3" x 5" en su casa. (Guárdelas siempre en el Equipo de supervivencia para las tareas escolares de su hijo.) A medida que el niño vaya estudiando, deberá ir resumiendo la información importante, usando sus propias palabras y escribiéndola en estas fichas índices. Después podrá usar estas fichas para hacer un repaso antes de la prueba.

Repasar las tareas escolares y los apuntes de clase.

Su hijo deberá repasar todas las tareas escolares y los apuntes tomados en clase antes de la prueba. Puede resultar útil subrayar o resaltar con marcador los aspectos importantes. Algunos niños usan marcadores de distintos colores para organizar sus apuntes u otorgar prioridades al material de sus apuntes y tareas escolares.

Repasar las preguntas y pruebas anteriores.

Aconséjele al niño que vuelva a mirar las pruebas anteriores, ya que pueden darle ideas sobre qué es lo que pueden preguntarle en las pruebas futuras. ¿Había que marcar una respuesta entre varias? ¿O había que decidir entre verdadero o falso? ¿Había que responder ls preguntas escribiendo respuestas completas? ¿Al maestro le interesaban los nombres y las fechas o las tendencias generales? Cerciórese de que el niño también le dedique tiempo a las preguntas para estudiar que figuran en el libro de texto. Estas preguntas por lo general sirven como un excelente repaso del material visto en clase.

Hacer una lista de preguntas modelo para la prueba.

Pídale al niño que haga una lista de preguntas que crea que podrían hacerle en la prueba. Luego dígale que las conteste. Es muy posible que muchas de estas preguntas *aparezcan* en la prueba.

SEGUNDA PARTE: COMO ESTUDIAR LA INFORMACION DE UN LIBRO DE TEXTO

Con frecuencia los temas de una prueba corresponderán a lecturas del libro de texto que se use en clase. No obstante ello, a muchos niños nunca se les enseñó cómo debían estudiar un capítulo de un libro de texto para una prueba. En esta sección presentaremos ideas para que los niños puedan estudiar el material de cualquier libro de texto.

Antes de comenzar: haga copias de la Lista de control para estudiar información de un libro de texto que figura en la página 169 del Apéndice. Déle esta lista a su hijo para ayudarlo a llevar la cuenta de los pasos que debe seguir para estudiar del libro de texto para una prueba.

1º paso   Realizar una "inspección general" del capítulo.

El primer paso para estudiar de un libro de texto consiste en analizar el capítulo. Pida al niño que siga los siguientes pasos:

1. Tomar apunte de los títulos de cada sección principal.

2. Mirar las ilustraciones, mapas, cuadros, tablas y gráficos.

3. Leer el resumen que figura al final del capítulo.

4. Leer las preguntas para estudiar que se encuentran al final del capítulo.

5. Por último, volver atrás y formular una pregunta por cada título principal. Por ejemplo, si el título es "La declaración de la independencia", se debe preguntar: "¿Qué es la declaración de la independencia?" A medida que lea el capítulo (véase el 2º paso), intente contestar estas preguntas.

2º paso   Leer el capítulo y tomar apuntes.

Una vez que el niño haya inspeccionado el capítulo, deberá volver atrás y leerlo todo. A medida que vaya leyendo, deberá ir tomando apuntes en una hoja separada. Estos apuntes deberán incluir:

Respuestas a las preguntas que formuló cuando leyó los títulos del capítulo. Una lista cronológica de los eventos que ocurren en el capítulo. (Esto es de especial importancia cuando se trata de estudios sociales e historia.)

Además, su niño deberá tomar notas en las fichas índice. En la parte delantera de las fichas tendrá que anotar los datos importantes: nombres de personas, términos que debe saber o conceptos importantes. En la parte posterior de las fichas, deberá escribir los puntos importantes sobre los que le pueden preguntar en la prueba.

3º paso   Repasar el capítulo.

Después de leer el capítulo, deberá volver a leer las notas que tomó y ver si entiende todos los puntos y cómo se relacionan unos con otros. Luego deberá contestar las preguntas para estudiar que figuran al final del capítulo, como así también las preguntas que formuló cuando leyó los títulos principales. Deberá repasar todos los apuntes y los puntos claves del capítulo.

Si usa esta Lista de control para estudiar información de un libro de texto y sigue los tres pasos delineados, su niño estará bien preparado para contestar las preguntas de la prueba que se refieran al material del libro de texto.

Es importante que siga poniendo énfasis en que sus hijos usen las pautas para estudiar que se presentan en este capítulo. Al proporcionarles las hojas de trabajo para estudiar y aconsejándoles que las usen, les estará ayudando a administrar su tiempo con eficacia, a organizar su trabajo y a encarar las tareas escolares con una actitud positiva y confiada. ¡Y es así cómo se logra tener éxito en la escuela!

Lista de control de Tareas escolares sin lágrimas

☐ ¿Ya preparó un lugar de estudios adecuado en su casa?

☐ ¿Ya estableció un horario diario para hacer las tareas?

☐ ¿Ya comenzó a proporcionar estímulos y consejos a sus niños para que hagan solos las tareas?

☐ ¿Elogió en forma constante los esfuerzos que realizan sus hijos?

☐ ¿Recurrió al uso de otros incentivos que fueron necesarios?

☐ ¿Consiguió comunicarse con los niños como para que realmente lo escuchen?

☐ ¿Asumió una postura firme?

☐ ¿Se puso en contacto con el maestro de sus niños cuando fue necesario?

☐ ¿Consultó los siete problemas más comunes de las tareas escolares?

☐ ¿Le enseñó a sus hijos cuáles son las pautas para aprender a estudiar?

CONCLUSION

Las tareas escolares brindan a los niños la oportunidad de aprender a elegir: *cuándo* hacer las tareas, *cómo* hacer las tareas, *dónde* hacer las tareas y hasta *si* van a hacer las tareas.

Por lo tanto, a ellos los beneficia ampliamente el aprender a elegir de un modo inteligente. Es por este motivo que es tan importante echar buenos cimientos para que aprendan a estudiar como corresponde. Al enseñarles los elementos básicos que se requieren para organizarse y dándoles pautas para aprender a estudiar mejor, usted les estará brindando las herramientas que necesitan para tomar buenas decisiones con respecto a las tareas escolares. Ellos comprenderán que con un poquito de planificación *pueden* hacer las tareas con éxito, tener mejor desempeño en la escuela y sentirse mejor consigo mismos.

Los conocimientos prácticos combinados con un mejor concepto de sí mismos constituye una buena mezcla que ayudará a los niños a elegir lo que les conviene, tanto en la escuela como más adelante en sus vidas. Confiamos en que *Tareas escolares sin lágrimas* le haya brindado y siga brindándole el apoyo que usted necesita para que en su hogar las tareas escolares se conviertan en una experiencia exitosa.

APENDICE

El apéndice de *Tareas escolares sin lágrimas* contiene todos los carteles, formularios y planillas que se han usado en este libro. Confiamos en que le resultarán útiles para la implantación del programa *Tareas escolares sin lágrimas* en su hogar. Cada vez que las necesite, puede hacer tantas copias de estas planillas como desee.

¡NO MOLESTAR!

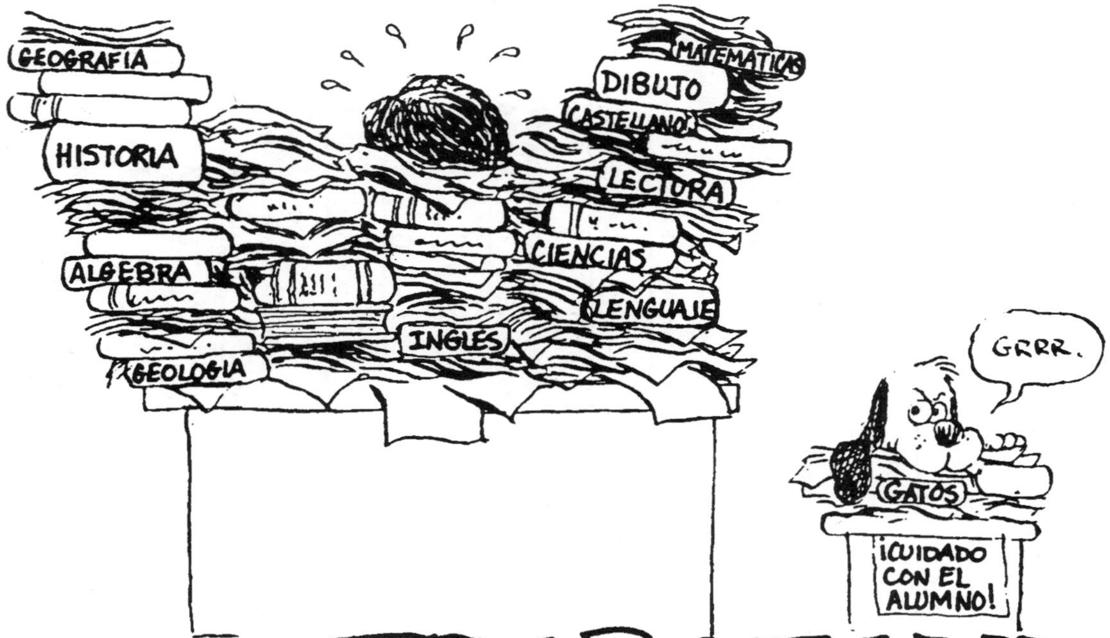

ALUMNO TRABAJANDO

HORARIO
DIARIO

LUNES/HORARIO PARA HACER LAS TAREAS ESCOLARES

3:00 PM	7:00 PM
4:00 PM	8:00 PM
5:00 PM	9:00 PM
6:00 PM	10:00 PM

MARTES/HORARIO PARA HACER LAS TAREAS ESCOLARES

3:00 PM	7:00 PM
4:00 PM	8:00 PM
5:00 PM	9:00 PM
6:00 PM	10:00 PM

MIERCOLES/HORARIO PARA HACER LAS TAREAS ESCOLARES

3:00 PM	7:00 PM
4:00 PM	8:00 PM
5:00 PM	9:00 PM
6:00 PM	10:00 PM

JUEVES/HORARIO PARA HACER LAS TAREAS ESCOLARES

3:00 PM	7:00 PM
4:00 PM	8:00 PM
5:00 PM	9:00 PM
6:00 PM	10:00 PM

VIERNES/HORARIO PARA HACER LAS TAREAS ESCOLARES

3:00 PM	7:00 PM
4:00 PM	8:00 PM
5:00 PM	9:00 PM
6:00 PM	10:00 PM

AGENDA SEMANAL

NOMBRE ——

—— FECHA ——

MATERIAS	LUNES	MARTES	MIERCOLES	JUEVES	VIERNES

ES LA SUPERESTRELLA DE LAS TAREAS ESCOLARES

(Nombre)

¡estás haciendo muy bien tus tareas!

CONTRATO PARA HACER LAS TAREAS ESCOLARES

- Cada día que termines de hacer todas las tareas escolares asignadas, marca un cuadro.

- Cuando hayas marcado _____ cuadros, te harás acreedor de un premio.

- El premio que recibirás consistirá en _____

_____

_____   _____
FIRMA DEL PADRE O MADRE   FIRMA DEL ALUMNO

Fecha de Vencimiento _____

REGISTRO DE LAS TAREAS ASIGNADAS EN LOS GRADOS PRIMARIOS

NOMBRE _____ FECHA _____

MATERIA	TAREA ASIGNADA	FIRMA DEL MAESTRO

160

REGISTRO DE LAS TAREAS ASIGNADAS

NOMBRE _____

DIA _____

PERIODO	CLASE	TAREA ASIGNADA	FIRMA DEL MAESTRO
1			
2			
3			
4			
5			
6			

PLAN A LARGO PLAZO

NOMBRE ——————————— FECHA ————

MATERIA ————— FECHA DE ENTREGA ————

| PASO 1 | _____ PLAZO _____ |

| PASO 2 | _____ PLAZO _____ |

| PASO 3 | _____ PLAZO _____ |

| PASO 4 | _____ PLAZO _____ |

| PASO 5 | _____ PLAZO _____ |

| PASO 6 | _____ PLAZO _____ |

| PASO 7 | _____ PLAZO _____ |

| PASO 8 | _____ PLAZO _____ |

LISTA DE CONTROL DEL INFORME ESCRITO

NOMBRE ———————————————————————

CLASE ———————————————————————

TEMA DEL INFORME ————————————————————

PLAZO PARA ENTREGAR EL INFORME ——————————————

1 ¿Cómo tiene que ser de largo el informe?
¿Cuántos párrafos —— o páginas —— tengo que escribir?

2 ¿Debo escribir el informe a mano o a máquina?
A máquina ☐ Pluma ☐ Lápiz ☐ Otro ☐

3 ¿Debo escribirlo a espacio simple o doble?
Espacio simple ☐ Espacio doble ☐

4 ¿Debo escribirlo a mano o a máquina de los dos lados de la hoja o uno solo?
Un lado ☐ Ambos lados ☐

5 ¿Dónde debo colocar los números de las páginas?
Arriba ☐ Izquierda ☐ Centro ☐ Derecha ☐
Abajo ☐ Izquierda ☐ Centro ☐ Derecha ☐

6 ¿Dónde debe colocar el encabezado de cada página?
Arriba ☐ Abajo ☐

7 ¿Debo poner el informe en una carpeta?
Sí ☐ No ☐

8 ¿Debo agregarle fotos o ilustraciones?
Fotos ☐ Ilustraciones ☐ Otros ———

LISTA DE CONTROL PARA REVISAR Y CORREGIR

1º A 3º Grado

☐ La impresión (o mi escritura) está prolija y legible.

☐ Mi trabajo tiene un título (si es necesario).

☐ He dicho todo lo que quería decir.

☐ Cada oración comienza con una letra mayúscula.

☐ Cada oración termina en un punto, un signo de interrogación o de exclamación.

☐ Todas las oraciones están completas.

☐ Controlé que no hubiera errores de ortografía.

☐ Hice todo lo mejor que pude.

LISTA DE CONTROL PARA REVISAR Y CORREGIR

4º A 6º Grado

☐ Mi escritura está prolija y legible.

☐ El título de la composición corresponde al tema.

☐ Usé todas las mayúsculas, comas, puntos y acentos que eran necesarios.

☐ Todas las oraciones están completas.

☐ Cada párrafo tiene una oración principal que expone de qué se trata el mismo.

☐ Usé adjetivos descriptivos para que mi composición resultara más interesante.

☐ Leí mi composición en voz alta y dice lo que quiero expresar.

☐ La última oración de la composición le deja saber al lector que ha llegado al final de la composición.

☐ Controlé que no hubiera errores de ortografía.

☐ Hice todo lo mejor que pude.

LISTA DE CONTROL PARA REVISAR Y CORREGIR

7º A 12º Grado

☐ La monografía está bien estructurada y tiene una introducción clara.

☐ Cada uno de los párrafos contiene una oración principal sobre el tema. Todas las otras oraciones del mismo están relacionadas con esa oración principal.

☐ La monografía abarca hechos específicos y la información necesaria.

☐ Controlé la monografía para corregir la puntuación. Todas las comas, puntos, acentos, dos puntos y comillas están colocados donde corresponde.

☐ Escribí con mayúsculas aquellas palabras que correspondían.

☐ Usé adjetivos descriptivos para que mi monografía resultara más interesante y precisa.

☐ Controlé que no hubiera oraciones muy largas ni incompletas.

☐ Controlé que no hubiera errores de ortografía.

☐ Hicé por lo menos un borrador de la monografía.

☐ Elegí un título adecuado para la monografía.

☐ Hice todo lo mejor que pude.

166

TABLA DE INFORMACION PARA EL INFORME ESCRITO

	PREGUNTA 1	PREGUNTA 2	PREGUNTA 3	
FUENTE				
FUENTE				
FUENTE				
	CONCLUSION 1	CONCLUSION 2	CONCLUSION 3	

HOJA DE ESTUDIO PARA LA PRUEBA

NOMBRE _____

TEMA DE LA PRUEBA _____

DIA DE LA PRUEBA _____

1. En las siguientes líneas, detalla todo el material que necesitas para estudiar para la prueba.

2. Marca todos los casilleros de la columna Ya estudiado cuando sepas bien el tema.

MATERIAL PARA ESTUDIAR

YA
ESTUDIADO

CAPITULOS DEL LIBRO DE TEXTO _____ ☐

_____

APUNTES DE CLASE: De (fecha) _____ ☐

_____

TAREAS ESCOLARES _____ ☐

_____

_____

_____

PRUEBAS ANTERIORES _____ ☐

_____

_____

_____

OTROS _____ ☐

_____

_____

_____

_____

PLAN DE ESTUDIO PARA LA PRUEBA

NOMBRE _____

TEMAS DE LA PRUEBA _____ FECHA DE LA PRUEBA _____

MATERIAL PARA ESTUDIAR

CAPITULOS DEL LIBRO DE TEXTO _____

APUNTES DE CLASE: DE (fecha) _____

TAREAS ESCOLARES: DE (fecha) _____

PRUEBAS ANTERIORES _____

OTROS _____

DIAS HASTA LA PRUEBA — MATERIAL PARA ESTUDIAR

10 _____

9 _____

8 _____

7 _____

6 _____

5 _____

4 _____

3 _____

2 _____

1 _____

LISTA DE CONTROL PARA ESTUDIAR INFORMACION DE UN LIBRO DE TEXTO

NOMBRE _____

LIBRO DE TEXTO _____

CAPITULO _____

1 Inspeccionar el capítulo.

Cuando inspeccioné el capítulo:
- ☐ Me fijé en todos los títulos importantes.
- ☐ Me fijé en todas las ilustraciones, mapas, cuadros, tablas, gráficos, etc.
- ☐ Leí el resumen que está al final del capítulo.
- ☐ Leí las preguntas para estudiar que figuran al final del capítulo.

2 Formular preguntas sobre los títulos principales.

- ☐ Leí el capítulo y formulé preguntas que contestaré más adelante sobre todos los títulos principales.

3 Leer el capítulo y tomar apuntes.

Contesté todas las preguntas que hice sobre los títulos principales.
- ☐ Tomé apuntes en una hoja separada.
- ☐ Enumeré todos los eventos importantes, conceptos y hechos en orden.
- ☐ Escribí los términos importantes, nombres de personas y acontecimientos en fichas índice de 3" x 5".

4 Repasar el capítulo.

Cuando repasé el capítulo:
- ☐ Me cercioré de haber entendido todos los puntos principales y cómo se relacionan unos con otros.
- ☐ Contesté todos las preguntas para estudiar que figuran al final del capítulo.
- ☐ Repasé mis apuntes para estar seguro que abarqué todos los puntos claves.

Lee Canter and Associates es una firma editorial y consultora en temas educativos que ofrece servicios de asesoramiento, seminarios, cursos a nivel universitario y libros sobre el tratamiento de la conducta destinados a maestros y padres.

En todo el país se dictan cursillos prácticos sobre *Tareas escolares sin lágrimas*; por lo tanto, si desea obtener más información con respecto a alguno de estos cursillos para la escuela de su niño, llame a Lee Canter and Associates al número 800-262-4347. Si se encuentra en California, llame al 213-395-3221.